小さな組織だからできる！

従業員のための人事評価
社長のための人材育成

パート3名のパン屋が人事評価制度を導入してみた

山本昌幸 著

（協力）あいち造形デザイン専門学校

同友館

この本では、小さな組織におけるさまざまな問題が解決可能です。

人事評価制度の導入ってこんなにお金かかるの⁉

ひぇー
PC
うそっ！ 人事評価制度が完成するまでこんなに時間かかるの？ 来月から運用したいのに……。

ウチの社員は勉強しないし、努力もしない。困ったもんだ。

こんな複雑すぎる人事評価制度なんて運用できない！

入社後にはどのような育成プランがありますか？

いや、それは…その…本人の努力次第で……

従業員1名でも人事評価制度を導入して業績アップしたお店ってあるんですか？


さぁ、これらの状態をこの本で解決していきましょう！

この本を読んでいただくための大前提

人事評価制度の目的は、従業員を評価し順位をつけること？

答えは「Ｎｏ」です。人事評価制度の目的は、従業員を評価することではありません。人事評価制度において、従業員の評価は単なるプロセス（過程）であり、真の目的は、人材育成です。

そして、育成された人材が技量・能力・力量を発揮することにより組織の目的を達成できるのです。

このことは、小規模企業において非常に重要なことであり、人材育成・組織の目的達成のためのツールである人事評価制度は、小規模企業にとって欠かせないものなのです。

他人から評価されることを、人はどう受け取るか

人は、自分に対する評価がたとえ悪い場合でも、その評価結果の根拠が明確であれば、反発

をしたとしても最終的には受け入れます。そして、人間が本来持っていると思われる修正本能により、改善に努めるのです。

人が嫌うのは根拠のない評価です。根拠のない〝悪い評価〟は単なる悪口であり、根拠のない〝良い評価〟はほめ殺しかもしれません（場合によっては、ハラスメント）。

このことから、ヒトは他人から根拠のない評価をされることが「嫌い」なのであり、根拠が明確であれば〝悪い評価〟であっても受け入れます。

だからこそ、人事評価制度の評価は根拠が明確であることが非常に重要です。評価根拠が明確である人事評価制度ならば、人材育成が実現でき、結果、組織の目的が達成できるのです。

原因追究とプロセス管理の専門家

私は、過去に9冊の著作があります。人事評価制度、残業削減、人材育成、人手不足対策、交通事故削減、ＩＳＯなど、「山本さんは何屋さんですか?」と言われるほどタイトルがバラバラなのですが、実はすべてがマネジメントシステムをベースとしているのです。

マネジメントシステムとは、ごく簡単に説明しますと、ＰＤＣＡを廻して改善していくことです。

P：Plan（計画）
D：Do（実施）
C：Check（検証、確認）
A：Act（改善、処置、是正）

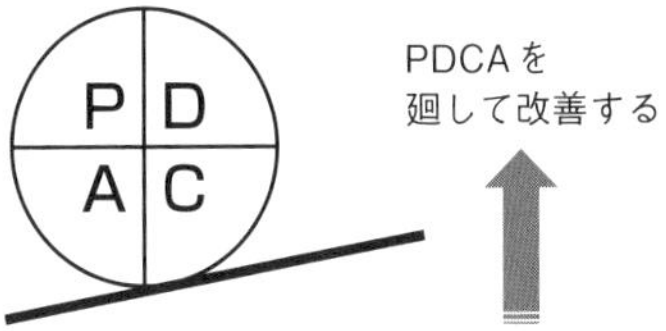

私は、人事制度・人事評価制度の専門家であると同時にマネジメントシステムの専門家でもあります。マネジメントシステムの専門家とは、原因追究の専門家、プロセス管理の専門家と捉えてください。

原因追及の専門家として、

・すべての問題に原因がある
・すべてのことに根拠がある（すべての事象に理由がある）

という、絶対に曲げられない考え方を持っています。

次にプロセスについて説明します。

プロセスとは一般的に過程、手順、仕事、活動と理解されており、すべてが正しいのですが、もう少し専門的に表現しますと、インプット（入力）をアウトプット（出力）に変えることです。

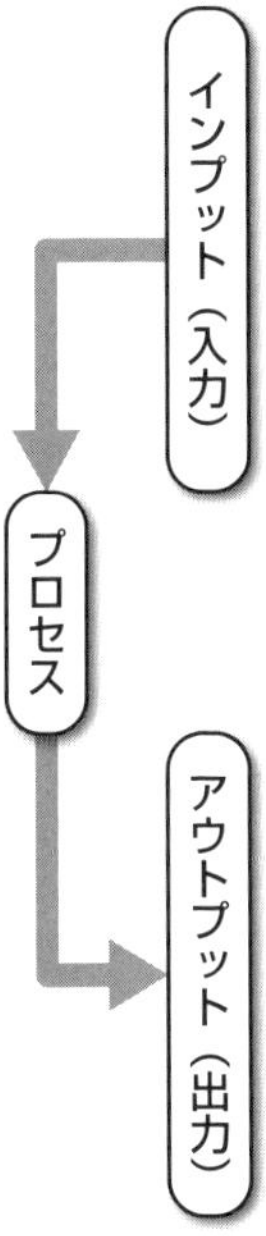

人事評価制度は、人材育成のための単なる「Ｃｈｅｃｋ（検証）」に過ぎない

人材育成も当然のことながらマネジメントシステムであり、ＰＤＣＡを廻さなくてはなりません。

①Ｐｌａｎ：人材育成計画、教育訓練計画を立案する
②Ｄｏ：立案した人材育成計画、教育訓練計画を実施する
③Ｃｈｅｃｋ：人材育成、教育訓練を実施した結果、育成できたのか検証する
④Ａｃｔ：検証の結果、育成できていたのであればさらに改善を目指し次の人材育成計画に反映し、育成できなかったのであれば、その原因を特定したうえで処置を施し、人材育成計画に反映する
⑤Ｐｌａｎ：改善するための人材育成計画、処置を施した人材育成計画を立案する
（以降、ＰＤＣＡを繰り返す）

ここで重要なことは、〝③Ｃｈｅｃｋ〟とは、単に人材の育成が実現できたのか否かを確認することであり、これこそが人事評価です。このことからも人事評価制度とは、人材育成のマネジメントシステムの一部に過ぎないのです。

しかし、世間では、人事評価制度が独り歩きし、さも主役のような位置づけになっていますが、主役は人材育成であり、人事評価は、人材育成のための一つのプロセスなのです。このことからも人材育成が実現できない人事評価制度はほとんど意味を持たない制度であると言えるでしょう。

要するに人事評価制度とは、人材育成を目的としたPDCAの「C：Check：検証」に過ぎないのです。

このような説明をしますと、「人事評価制度にもPDCAがあります」との意見が出ることは百も承知です。ただ、人事評価制度とは、人材育成という大プロセスのなかの、小プロセスであるということが言いたいのです。

この本では、人材育成を実現するための「カンタンすぎる人事評価制度」、小規模企業が中堅・大企業に勝てる戦略である「ワントゥワン人事管理」について説明していきます。

まえがき

この本は、次のような企業向けに執筆しました。

従業員を1、2名雇用している企業・個人事業
従業員20名以下の小規模企業
（この本では、**これらの組織を「小規模企業」**と総称します）

小規模企業は、これから非常に大きな可能性に満ちています。しかし、その可能性に気づいていない社長（経営トップ・事業主）が多すぎるのです。まずはそこに気づいていただきたくて、この本を書くことにしました。

私が、小規模企業として想像できる業種は、建設業、製造業、卸売・小売業、宿泊業、飲食サービス業、運送業、不動産業が思い浮かびますが、税理士・弁護士・社会保険労務士事務所等の士業も含まれますし、他にもさまざまな業種があります。

さて、**あなたの会社は次のどちらを目指したいですか？**

1　少数精鋭の組織構築

2　今後の組織規模拡大に備えた盤石な土台作り

私が開発した人材育成のツールである「カンタンすぎる人事評価制度」を導入すれば、「少数精鋭の組織構築」もしくは「今後の組織規模拡大に備えた盤石な土台作り」の実現が可能です。

この「カンタンすぎる人事評価制度」は、たった一日で作ることができ、小学生でも評価することが可能な人事評価制度です。そして、何よりも人材育成のためのツールとなります。

「カンタンすぎる人事評価制度」は、1000名以上の社長のインタビュー、1300回を越えるマネジメントシステム審査経験から開発され、現在多くの小規模企業で採用されている人事評価制度なのです。

そもそも**人事評価制度の目的は、人材を評価することではありません。**

では、人事評価制度の目的とは何か？　それは、**人材育成であり、組織の目的の達成**です。

このことをしっかり理解してください。小規模企業は、人材育成に繋がらない、組織の目的を達成できない人事評価制度を導入すべきではありませんし、運用もムダなのです。

私は、人事制度・人事評価制度の指導を27年ほど経験し、膨大な企業の人事制度・人事評価制度をみてきましたが、残念ながら、人材育成に繋がる人事評価制度、組織の目的を達成できる人事評価制度にお目にかかることはほとんどありません。

そもそも、人事評価制度の目的が人材の評価や序列付けであるのなら、従業員数20名以下の小規模企業においては不要なのです。

人事評価制度の本来の目的が、人材育成・組織の目的達成であるからこそ、従業員数20名以下の小規模企業においても必要であり、この本でご紹介する、「社長がたった一日で策定するカンタンすぎる人事評価制度」は、従業員（正社員でなくてもパート・アルバイトであっても）を一人でも雇用した場合に活用すべきものなのです。

すべての組織は、人材の活動により成り立っており、組織の目的を達成するためには人材の活動が必要不可欠です。その人材を育成し、能力を発揮してもらうことで組織の目的が達成できるのです。

その目的の一つに事業承継があります。多くの後継者不足に悩む組織が後継者を育成するためにも、この「カンタンすぎる人事評価制度」は活用できます。

後継者不足に悩む小規模の伝統工芸産業においても、後継者を育成するためのツールとして

「カンタンすぎる人事評価制度」をおすすめします。

そして、さらに二つのことが実現できます。

それは、「**外国人材の活用**」と「**シニア人材の活用**」です。

この本のマンガに日系三世のマルコさん、62歳のタツロウさんが登場しますが、外国人材を活用していくためには、評価根拠の明確な人事評価制度が必要であり、シニア人材を活用していくためには、一般的な現役世代より明確な達成基準が必要なのです。

大企業は、「シニア人材の活用」において、自社よりもシニア人材の活動実績がある中小企業を参考にしていただきたい。この本は、小規模組織向けに執筆しましたが、「シニア人材の活用」については、この本に書かれている「カンタンすぎる人事評価制度」や「ワントゥワン人事管理」を大企業は大いに参考にしていただきたく思います。

ぜひ、あなたの会社も「カンタンすぎる人事評価制度」に取り組み、人材を育て、組織の目的を叶えてください。

山本昌幸

目　次

第1章

従業員を一人でも雇ったら人事評価制度の導入を

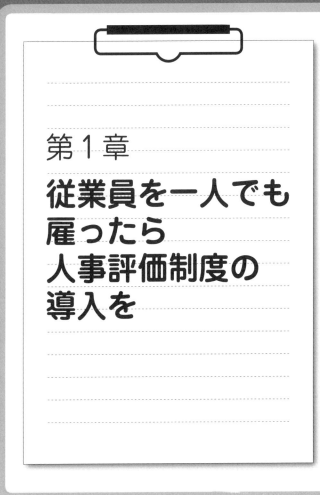

1 小規模企業だからこそ必要な仕組み*

一般的な人事評価制度を導入する目的は何でしょうか。

多くの組織では、次の目的と思われます。
・人材を評価して処遇（給与、賞与、昇格等）に差をつけるため
・自組織で働いている人材に順位をつけるため
・成果を出した人材の待遇を良くするため
これらの考えは間違いではありませんが、人材の処遇に差をつけること、人材に順位をつけることは、小規模企業においてどれほどの意味があるのでしょうか。たとえば、事業主と従業員1名の組織では（このように極小な人数構成でもあえて「組織」とします）、人事評価を実施する事業主以外は、1名の従業員しかいませんので処遇に差をつけること、人材に順番をつけることは不可能です。要するに他の人材と比べることができません。

また、事業主以外の人材が10名、20名いたところで、処遇に差をつけたり、順位をつける必要性はあるでしょうか？

小規模企業に限らず、すべての組織において非常に重要なことは「人材育成」です。特に小規模企業においては人材がすべてと言っても過言ではありません。

大規模組織や行政機関では、組織のためにならない人材を一定数抱えていたとしてもそれほど業績に影響は生じないでしょう。しかし、小規模企業において組織のために活躍できない人材の存在は事業運営上の大きな障害になります。たとえば、事業主（社長、親方）と従業員1名の組織で、その1名の従業員が問題ある人材の場合、組織の活動において半分足かせとなるのです。逆に従業員数１００名の組織の場合、１名が問題ある人材であっても1％であり、組織活動にそれほど支障はきたしません（実はこの「自分一人くらい問題ないだろう」という考えも非常に危険ではありますが）。１、０００名の組織の場合、さらにこの傾向は顕著となります。このことから20名未満の小規模企業と１００名、１、０００名の中堅・大企業とは人事評価制度の役割が根本的に異なるのです。

中堅・大企業における人事評価制度は、人材を競わせ評価により順位をつけ処遇に差をつけることによりさらに競わせ、組織の底上げを図ろうという目的があります。ですから、中堅・大企業において人事評価制度の目的が、人材に順位をつけることであるのはあながち間違いではないのです。しかし、小規模企業（この場合従業員数20名以下を指します）においては、目的がまったく異なるのです。小規模企業において、人材に順位を付けたところで意味が無いことは前述のとおりですが、小規模企業が飛躍して行くために必要かつ重要な取り組みは「人材

＊　小規模企業：零細企業、従業員数20名以下の企業、個人事業

育成」なのです。

小規模企業において人材を育成し、その育成された人材の能力を発揮させることができれば、先ほどの事業主（社長、親方）と従業員1名の組織の場合、その効果は絶大なものとなります。

小規模企業に決定的に欠けていることは人材教育です。

そもそも人材教育などという概念すらない小規模事業もあります。

この令和の時代に「見て覚えろ。盗め」などという業界もあります。

小規模企業の社長や事業主であっても人材教育の重要性および必要性を強く感じている方も多々いらっしゃいますが、とにかく時間がありません。社長や事業主自身が第一線でプレイイングマネージャーとして働いていますので、部下である人材に教育を施す時間など無いのです。

では、小規模企業はどうすべきなのでしょうか。

答えは、人材育成のための「人事評価制度」を策定し、運用するのです。これにより、雇用している少数の人材を育成し少数精鋭の組織を創りあげるのです。

ただ、残念なことに人材育成が実現できる人事評価制度は少ないのが現状です。一般的に人事評価制度を策定しようとすると数か月から一年以上かかってしまいます。また、ＡＩ・ＩＴを活用した人事評価制度は、上手く活用できるものもありますが、その多くは小規模企業向けではなく、その企業特有の制度の策定は困難なのではないでしょうか。そしてなんといっても、年間当たりの支払い費用が莫大です。また、専門のコンサルタントに策定を依頼したとしても同じです。

このような事実から、ただでさえ多忙な社長や事業主が人事評価制度を策定することなど無理とさえ思えます。

では、小規模企業が人材育成のために人事評価制度を導入することは難しいのでしょうか？

大丈夫です。

この本で紹介する「カンタンすぎる人事評価制度」であれば、社長・事業主が一日で「人事評価表」を完成させることができます。

この「カンタンすぎる人事評価制度」は、そもそも人材育成のためのツールなのです。ですから、〝人事評価制度〟ではなく、〝人材育成制度〟とすべきなのですが、あくまで基準の明確な不公平の無い人事評価を通じて人材育成を実現するためのツールですから、人事評価制度なのです。

「カンタンすぎる人事評価制度」は、１０００人以上の社長・事業主からのインタビューをもとに小規模企業向けに私が開発した人事評価制度であり、多くの企業で導入実績があります。

「カンタンすぎる人事評価制度」は、人材育成のためのツールですから、従業員数20名規模の企業でも効果を発揮しますが、従業員1名の小規模企業（個人商店を含む）であっても大きな効果を発揮します。特に後継者不足に悩む業態においては大きな効果が期待できます。

また、人事評価制度は、策定して終わりではなく運用してこそ効果があるのです。特に「カンタンすぎる人事評価制度」は、運用すればするほど……要は、「カンタンすぎる人事評価制度」のPDCAを廻すことにより人材育成という大きな成果が期待できるのです。

この本では、「カンタンすぎる人事評価制度」策定後の人材育成についても詳細に説明していきます。

2 社長・親方の想いを伝える人事評価制度

人材育成をするためには、その組織の経営トップである社長、事業主、親方等（以下〝社長〟とする）の「想い」を人材が理解していなくてはなりません。

社長は、

・自社に対してどのような想いをもって経営しているのか？
・人材に対してどのような想いを持っているのか？

・顧客に対してどのような想いを持っているのか？

人事評価制度にこれらの「想い」が込められていなくてはなりません。

そこで社長の人格が試されるのです。

私自身、約30年前に起業し常時10名弱ではありますが人材を雇用してきた経営者です。そして、今までにさまざまな社長と接点を持たせていただきました。

・社会保険労務士として
・マネジメントシステムコンサルタントとして
・人事制度・人事評価制度コンサルタントとして
・事故削減コンサルタントとして
・時短・生産性向上コンサルタントとして
・マネジメントシステム主任審査員として

接点を持たせていただいた社長の中には、決して褒められない考えをお持ちの方もいらっしゃいました。しかし、これは私の経験からほぼ間違っていないと言えるのが、自社に人事制度や人事評価制度を導入しようとする社長（経営層を含む）は総じて、自社への熱い想い、人材への熱い想い、顧客への熱い想いを持っている方だということです。

当社は、２０１８年9月から月2、３回のペースで「人事評価制度セミナー」を各地で開催しており、延べご出席者数は現時点で８００名を超えています。ご出席者の約90％以上が社長です。そして、毎月新規に数社の人事評価制度コンサルティングをご依頼いただいており、過去27年の人事制度・人事評価制度コンサルタントとしての経験と併せて、「人事制度・人事評価制度に興味を持たれる社長は優良経営者」です。

もちろん、例外もありますが、総じて人事制度・人事評価制度に興味を持たれ、セミナーへの参加、人事制度・人事評価制度の導入を決定される社長は、自社・人材・顧客への熱い想いがある方です。そのような社長がやるべきことは、策定する人事評価制度に社長自身の「想い」を込めることなのです。だからこそ、社長自身が人事評価制度を作らなくてはならないのです。

今まで「ヒトに関することは非常に重要であり、組織にとって重要な仕入れです。だからこそ、人材の採用には必ず立ち会っています」という趣旨を述べられる社長に数多くお会いしてきました。

私も同感です。当社も小規模企業ながら過去30年弱で50名ほどの人材を採用してきましたが、すべて面接に立ち会ってきました。実際、中小企業経営者にとっての一番の悩みは「おカネのこと」よりも「ヒトのことなのです」(今年流行した新型コロナウイルスの影響で一時的におカネの悩みが増えてはいますが)。

ヒトの採用である面接も重要ですが、入社してきた人材を育成するための人事評価制度の策定はより重要と言えます。

人事制度・人事評価制度に興味を持つ優良な社長だからこそ、自らの想いを込めた人事評価制度を自らが策定しなくてはならないのです。

社長の想いが込められた人事評価制度を策定し運用することにより、社長のマインドを組織内に浸透させることができるのです。

3 人事評価制度の目的は「人材を評価する」ことではない

人事評価制度の目的が人材の評価ではないことはお伝えしましたが、人事評価制度運用プロセスとしては、評価も当然必要です。ただ、その評価は目的ではなくプロセスなのです。ここでは、プロセスとは「過程」という意味として捉えてください。この場合、「プロセス＝過程」は、通過するものなのですが、すんなり通過できない人事評価制度があまりにも多すぎるのが問題なのです。

すんなり通過できないとは、すんなり評価できないということです。

一般的な人事評価制度は、評価基準が存在しない、存在したとしてもあいまいな場合が多く、評価者を悩ませます。

何ができたら最高評価を獲得でき、何ができなければ最低評価となってしまうのかが明確でなくては、人材の正当な評価など無理なのです。

人材の評価が目的である人事評価制度なのに、その評価さえできないとなれば、存在価値はありません。

4 小規模企業ほど人事評価制度の導入を

人事評価制度は人材を評価するのが目的ではなく、あくまで人材を育成することが目的です。だからこそ、人材を1名でも雇用したのであれば、人事評価制度を導入すべきです。特に従業員数が少ない組織ほど、
1名の人材にかかる責任が大きくなるのですから、小規模企業であればあるほど人材育成のための人事評価制度が必要なのです。
もしあなたが、職人の親方で弟子と二人で作業をしているとしましょう。その弟子が現在の力量・技量が1・5倍になったら非常に助かりますよね。もしあなたが、営業代理店を部下2名と共に3名で営業活動をしている場合、その2名の部下の営業成績が30％向上した場合、あなたの会社全体の営業成績が飛躍的に向上しますね。

このように小規模企業であればあるほど、人材育成のための人事評価制度を導入し、その仕組みを使い倒していくべきなのです。

自己啓発研修やその他のセミナーを人材に受講させることよりも、育成のための人事評価制度を導入することが、あなたの会社を飛躍させる一番の方法と言えます。余談ですが、自分の意志ではなく会社から行かされる自己啓発研修ほどムダなことはありません。人は他人を変えられないのです。ただ、自分で変わろうと思えば人はいつでも変わることができます。ですから、会社から行かされる自己啓発研修はムダでも、自ら受講を決めた自己啓発研修は有益と言えます。

人材育成のための人事評価制度は、他人から無理やり受講を押し付けられるセミナーとは違い、自分自身の日々の仕事を通じて自分の価値を高めていく行動です。

一般的に教育訓練制度が充実しているとは言い難い、いや、教育訓練制度が存在しない小規模企業こそ、人材育成のための人事評価制度を導入し、少数精鋭の組織を目指すべきなのです。

昨年流行した新型コロナウイルス。たくさんの組織が大きな金銭的ダメージを受けています。そのため従業員の解雇が行われ、それを防止するための助成金に注目が集まりました。財務体力のある組織であれば、休業や売り上げが減少したところですぐに人件費の支払いに困ることは少ないのでしょうか、小規模・中小企業にとっては致命的となり得ます。

今後このような外的要因による経営危機はいつ起こるかわかりません。覚えているだけでも、9・11の同時多発テロ、リーマンショック、3・11の東日本大震災、そして今回の新型コロナウイルスの流行。逆に今まで以上に外的要因による経営危機の発生の可能性が増していくことでしょう。それに備えるためには、組織として財務的な体力をつけることおよび少数精鋭組織の構築が必要なのです。

少数精鋭組織を構築するためには、従業員一人ひとりの技術・能力・力量が向上し、それが発揮され、自ら考えて行動する人材の育成をしなくてはなりません。そのためのツールとして人事評価制度を導入すべきです。

5 具体的な目的を持ち、それを人材で実現させる

あなたの会社の目的は何ですか?

儲けること? 大きな組織になること? 社会の役に立つこと?

どれも抽象的ですね。もっと具体的な目的を掲げられませんか?

社長の中には、「三年後、どのような組織にしておきたいですか?」と質問され、回答できない社長が結構な数いらっしゃるようです。

社長であれば、三年後の自組織の立ち位置を意識したうえで事業活動をすべきではないでしょうか？

今まで、日々の業務に忙殺され、ただこなすだけの毎日であった場合、ここで真剣に考えてみてください。「三年後に今のまま、ただ業務をこなすことに忙殺されている状態で良いのか？」と。そして、「三年後、自社はどうあるべきなのか？」を。

仕事が忙しいことは良いことです。ありがたいことです。ただ、忙しいとは「心を亡くすこと」なのです。あなたが創業者であるなら、なぜ創業したのですか？　創業時「このような組織にしたい」などの目的があったのではないでしょうか？　同じ立場の方（社長等）と語り合ったときやりたいことをたくさん話されたのではないでしょうか。

また、あなたが二代目三代目経営者であるのなら、先代経営者の背中をみて「自分ならこのような組織にしたい」とか、経営を引き継いだ際「このようなことをやり遂げたい」などと目的が存在していたのではないでしょうか。

私の話で恐縮ですが、27歳で起業し28歳くらいのとき、同年代で起業した同業者と、ああでもないこうでもない、ああしたいこうしたいなど4、5時間話し、夜中にカーラジオから流れるオールナイトニッポンを聴きながら帰宅したものでした。あのときがあるから今がありますし、あのときに時間を共有できたTさんは今も信頼できる友人です。

起業間もない小規模企業が目的を明確に持っているにもかかわらず、起業後数年～数十年経過した組織はなぜ目的を失くしてしまうのでしょうか。

もちろん、具体的な目的を掲げ経営されている社長さんも多くいらっしゃいます。そのような社長さんにとって、当項は少々くどかったと思いますが、目的を持たずに事業経営されている社長さんがあまりにも目に付くものですからつい熱くなってしまいました。

自社の目的を持っている社長さん、具体的な目的はなかったがこれから設定しようという社長さん、その組織の目的を人事評価制度で叶えましょう。

組織の目的達成のために一番頼りになるのは自分自身（社長自身）ですが、それと同じくらい頼りになるのは従業員という人材です。社長が一人でできることなど所詮限られています。従業員が居てくれるからこそできることがたくさんあるのです。その従業員の技量・能力・力量・知識を伸ばし、発揮させるためのツールが「カンタンすぎる人事評価制度」です。

小規模企業であるからこそ、事業経営上の目的を明確にし、その目的を従業員の活動により達成する──。従業員の技量・能力・力量を向上させることができるか否かは社長次第です。ぜひこの機会に人事評価制度を導入し、使い倒してみてはいかがでしょうか。

また、従業員の技量・能力・力量を伸ばすことにより、10人分の仕事を9人で処理できるようになります。結果、余裕ができた人材を新規事業や売上向上のための業務に就かせることで、組織の目的達成がさらに容易になるでしょう。

6 自社に必要な人材を育てていく

小規模企業にとって必要な人材とは、どのような人材でしょうか。

ズバリ、「自ら考えて行動できる人材」でしょう。

指示が無いと何もできない人材では、少数精鋭組織の構築はムリです。特に指示がないからと言って手持ち無沙汰にボーっとしている人材の存在は、小規模企業にとっては致命的な人材です。しかし、残念なことに小規模企業にそのような人材は多いのです。あなたも見かけることありませんか？　飲食店や販売店で何もせずにボーっとしていたり、店員さん同士でお喋りに興じていたりする光景を。このような人材が存在していること自体、小規模企業にとって存続の危機なのです。仕事はいくらでもあります。やるべきことは自分で見つけるのです。

また、「報連相」の重要性を説かれる方がいらっしゃいますが、確かにある一定レベルの人材や作業遂行のうえでは「報連相」は必要であり重要です。しかし、理想の人材とは、過度な「報連相」が無くても作業を遂行できる人材なのです。また、ルールや仕組みを策定することにより「報連相」を少なくすることが可能なのです。

少数精鋭組織の従業員は自分で考えて決定できる人材であってほしいものですが、ただやみくもに勝手に判断することではないことを付け加えておきます。決定の根拠は常に明確にすべきです。

他にも小規模企業にとって必要な人材とは、同じ方向をみることができる人材でしょうか。どういうことかと言いますと、社長と同じ目的を持ち、それに向かった努力を一緒にできる人材です。このことからも、社長自身が達成すべき目的を持っていないと、人材はどんどんヤル気を失くしていき、飼い殺し状態になります。もしくは、〝ゆるブラック企業〟として、従業員をゆでガエル化してしまいます。
・自ら考えて行動できる人材
・社長と同じ方向をみることができる人材
小規模企業で上記のような人材が採用できるでしょうか？

正直、なかなか難しいでしょう。では、どうすればいいのか？

答えはカンタン。そのような人材を育てればよいのです。

人事評価制度で育成できるのです。

「自ら考えて行動する」とは、組織によってどのようなことなのか異なりますが、既にルール化・慣習化している実態、今後こうあるべきとの理想をもとに人事評価制度の評価項目に含めていけばよいのです。

今まで「自ら考えて行動する」ことを制限していた組織にとって、方針を転換することは社長にとっても人材にとっても戸惑うでしょうが、やり始めると案外すんなりいくものです。

では、「社長と同じ方向をみることができる人材」を育成するためにはどうすればいいのでしょうか。それは、人事評価制度に社長の想いを込めるのです。このことは当章の2項で説明しましたね。

社長の想いを伝えるためには、日々のコミュニケーションで伝えることも可能ですが、この方法は簡単なようでなかなか難しいのが現実です。その点、人材育成のツールである人事評価制度に社長の想いを反映させておくことで自然にその思いが伝わることになります。

日々のコミュニケーションで社長から人材に伝える場合、どうしても偉そうになってしまい、受け取る人材側からすると説教されている気分になることがあります。ですから、口頭で伝えるよりも社長の想いを込めた人事評価制度を策定運用することによりそれとなく伝えていくのです。

「自ら考えて行動する」「社長と同じ方向をみる」人材を人事評価制度で育成することは、従業員数が少ないほどやりやすいのです。やりやすいということは成果が出やすいということ。だからこそ、従業員数が少ない企業にこそ、人材育成のための人事評価制度を導入すべきです。

7 これから必要なワントゥワン人事管理

ワントゥワンマーケティングという、顧客に対して個別にマーケティングを行うことが推奨されていますが、人事管理においてもワントゥワン人事管理が必要です。

ワントゥワン人事管理とは、人材ごとにきめ細やかな人事管理を行うことです。小回りの利く中小企業だからこそ可能な人事管理手法なのです。

人はそれぞれ抱えている事情が異なり、それが働く意欲にも影響します。

2017年10月に出版された私の拙著である『短時間で成果をあげる 働きながら族に学べ』（労働調査会）では、「働きながら族」に焦点をあてました。「働きながら族」とは、働きながら子育てしている方、働きながら介護している方、働きながら勉強している方、自身の持病・障がいを抱えながら働いている方など、働くことに何らかの制限がある人々のことです。このような説明をすると、ほとんどの方が「働きながら族」と言えるのかもしれません。このように、人はそれぞれいろいろな事情を抱えています。ただ、「働きながら族」は非常に生産性の高い方々です。たとえば、午後5時に退社して午後6時には保育園に子供を迎えに行かなくてはならない場合、何が何でも午後5時に仕事を終わらせなくてはなりません。「午後5時から残業して頑張ろう」などという甘えた業務姿勢は持てない方々なのです。

その人それぞれの事情に合わせた人事管理が中小企業には必要です（この項では、小規模企業と限定せずに、小規模企業を含めた中小企業という表現にします）。

人事管理においては、どうしても中小企業より大企業に優位性があります。ヒトもカネも中小企業とは比べ物にならないほど保有している大企業ですから人事管理の面では圧倒的な差が出てしまいます。この〝差〟の中には、福利厚生も含まれ、どのようにがんばっても現状では、中小企業は大企業に太刀打ちできません。そのような状況下でも、中小企業が大企業より優位性を発揮できる施策がワントゥワン人事管理なのです。

人にはそれぞれ、Private Value（私的な働く価値）があります。働かざるを得ない状況も人それぞれであり、働くための動機付けも人それぞれ異なるのです。

人材を雇用する側である中小企業が、各人材のPrivate Value（私的な働く価値）を意識したワントゥワン人事管理ができれば、大企業にも負けない組織運営、人材採用が可能なのです。

中小企業のワントゥワン人事管理を実現するためには、Private Valueおよび人材育成・目的達成のための人事評価制度の活用が必要となります。

Private Valueの詳細については、第5章で詳しく説明します。

第2章

こんな人事評価制度はいらない

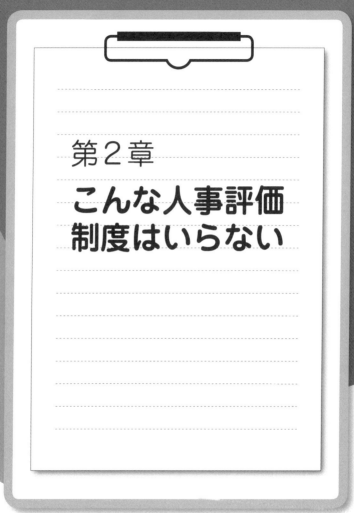

1 社長と従業員の両方から喜ばれる人事評価制度なんてあり得ない？

労使（労働者と使用者）とは、本来、対立する相手ではなく、同じ方向を目指す同志です。ただ、一部の「裸の王様社長」や一部の「ブラック従業員」の存在により対立軸が表面化してしまうのです。相手の立場に立って考えることができない社長や従業員の存在で労使が対立してしまうのでしょう。

この本の冒頭にマネジメントシステムの専門家として

・すべての問題に原因がある

・すべてのことに根拠がある（すべての事象に理由がある）

と考えることを話しましたが、人事評価制度についても同じく、「社長や従業員から喜ばれない原因」が存在します。

当章では、これを明確にしていきます。喜ばれない原因をクリアできれば、従業員と社長の両方から喜ばれる人事評価制度を実現できます。実は、既にこのような人事評価制度は実在しているのです。

ただここで一つ気を付けなくてはならないのは、すべての社長と従業員に喜ばれる人事評価制度はあり得ないということです。前述の「裸の王様社長」や「ブラック従業員」はもちろんのこと、相手の立場を思いやることができない社長や従業員に喜ばれる人事評価制度は、それこそ問題のある人事評価制度ということになりますから。

2 中小・中堅企業にとって人事評価制度の策定は、「長い」「高い」「面倒くさい×2」

私が毎月2，3回開催している「人事評価制度セミナー」にはさまざまな人事評価制度に対する問題点が寄せられます。また、私自身1300回を越えるマネジメントシステム審査を担当した経験があります。企業規模は、一番少ない企業で2名。多い企業では数万人規模。マネジメントシステム審査する際、多くの企業では、人事制度・人事評価制度を確認させていただきました。他にも27年ほどの人事制度・人事評価制度コンサルタントとしての経験から、膨大な数の人事制度・人事評価制度を確認してきました。

以上の経験から、既存の人事評価制度の問題点について、端的に表現させていただきますと、

「長い」「高い」「面倒くさい×2」という問題点にまとめられます。

まず、「長い」とは、人事評価制度を策定する期間があまりにも長いということです。具体的には半年から1年半くらい。当社が開催している人事評価制度セミナーにご出席された方からは、「策定を開始して1年半経過しましたがまだ完成できません」や「2年経ち策定を諦めました」などの笑えない体験談が寄せられています。

実際、私も半年から2年ほどで完成させる人事評価制度をメインに指導していました。その後、たった1日で「人事評価表」を2種類完成させる「カンタンすぎる人事評価制度」を開発し、現在ではこちらの指導が中心となっています（1日で2〜3種類、2日で6〜7種類、3日で10〜12種類の「人事評価表」が完成します）。

ここであなたに質問です。

人事評価制度が必要と思ったら、すぐに使用したいですよね？ノートパソコンが必要となりパソコンショップに買いに行ったとき、納品が半年後だとしたら困ってしまいませんか？これと同じ現象が人事評価制度では当たり前のように起こっているのです。人事評価制度も必要と感じたときが使いたいとき、ですよね。

また、次の問題点である「高い」とは、コンサルティング料金やその他の費用が高すぎるということです。一般的に人事評価制度の導入指導をコンサルタントに依頼すると数百万円から一千万円超かかります。これでは、中小・中堅企業は安易に指導を依頼できません。また、最近流行りのクラウドソフト。これは、基本的に大企業向けなのですが、最近では、50人未満の組織でも活用できるとのこと。実際、使い勝手の良いクラウドソフトもあるようですが、使用料金が固定費となってしまう点が中小・中堅企業にとっては結構な負担となります。

そして「面倒くさい×2」のうち、一つ目は「策定が面倒くさい」ということです。長い期間かけて、専門のコンサルタントに高額な費用を支払ったとしても、人事評価制度を策定すること自体が非常に手間がかかるのが実情です。

人事評価制度の策定を試みる中堅・中小企業の中には、他社の事例やネットから拾った内容を自社の「人事評価表」に当てはめ策定を試みる組織もありますが、所詮他社のものであり、役立たないことが多いのです。

私も一般的な人事評価制度を半年から一年ほどかけて指導する場合、組織側には少ないとは言えない宿題を出すことになります。これはやはり組織側には負担になるのです。

二つ目は、「運用が面倒くさい」です。

今までさまざまな組織の、膨大な数の人事制度・人事評価制度をみてきた人事制度・人事評価制度指導歴27年超の専門家である私からみても「難しすぎる、複雑すぎる」のです。正直、そのような「難しすぎる・複雑すぎる」人事評価制度は、策定した本人しか理解していないのが現実でしょう。その本人さえ、運用実務と少し離れてしまうと「えっ、どうだったたっけ?」となってしまいます。そして、その担当者が退職でもしようものなら組織の中で誰もわかる人がいなくなり、その人事評価制度は、組織にとってお荷物となっていくのです。

人事評価制度が「難しすぎる・複雑すぎる」ということは、その対象である従業員も理解できないということです。どのような素晴らしい人事評価制度であったとしても、その人事評価制度を当てはめられる従業員が理解していないのであれば人材育成はもちろんのこと、人事評価制度自体が運用できないということになります。さすがに運用できないという事実は問題なので、運用している風でいい加減な運用がなされることになるのです。

果たして、これで良いのでしょうか?

膨大な時間をかけ（長い）、高額なコンサル料を支払い（高い）、大変な思いをして策定して（面倒くさい1）も、組織内で上手く活用でき、その結果、人材が育成され、組織の目的が達成できるのであればまだ良いのです。しかし、「難しすぎる・複雑すぎる」ため（面倒くさい2）、運用できない。これが、多くの人事評価制度の実態です。

人事評価制度は、シンプルであり、かつ運用しやすいことが大切なのです。

たとえば、非常に高価な機械を導入したが扱いが大変なため使用されずに放置されている……。高価なパソコンソフトを購入したが誰も使えずに、まったく活用できていない……。など、同様の事例を目の当たりにしたことはありませんか?

あなたの組織では、「長い」「高い」「面倒くさい×2」に該当しない人事評価制度を導入する必要があります。短期間で策定でき、導入費用・運用費用が低廉であり、策定が簡単で、運用も難しくない人事評価制度として、開発したのが「カンタンすぎる人事評価制度」です。ただ一つ問題があり、「カンタンすぎる人事評価制度」では、「評価表」を1日で2、3種類、2日で6、7種類策定できますが、社長にとっては少々疲れる作業です。でもたった1日ですから。

3 小規模企業にとって人事評価制度の問題点は、「わからない」「使えない」「伸びない×2」

前項では、中小・中堅企業の人事評価制度の問題点が、「長い」「高い」「面倒くさい×2」であることを説明しました。しかし、これはあくまで人事評価制度の構築に一定のマンパワー（人材）、費用を掛けることが可能な組織における問題点なのかもしれません。

それを踏まえ、小規模企業における人事評価制度の問題点を挙げれば、「わからない」「使えない」「伸びない×2」です。

まず、「わからない」とは、そもそも人事評価制度がどういうものであるのかわからない、もしくは人事評価制度の目的がわからないということです。

小規模企業にとって人事評価制度は今までまったく縁が無かったものでした。「人事評価制度」という文言くらいは耳にしたことはあっても、自組織には関係ないと思われていた社長がほとんどでしょう。しかしここに来て、マスコミや同業者から耳にする機会も増え、「人事評価制度って何？」と疑問を持つことになります。そこで、人事評価制度の入門書と思える書籍を購入し、インターネットで調べるのですが、今まで人事評価制度と縁のなかった方は、調べれば調べるほど「よくわからない」ということになりがちです。

この経験は実は私の実体験でもあります。社会保険労務士として起業した1991年。当初から人事制度・人事評価制度、賃金制度を専門にしていきたかった私は、その後約一年間、関連書籍を読み漁りました。そのころインターネットは普及していませんでしたのでひたすら書籍です。正直、かなりの数の書籍を読みましたが、読めば読むほど理解できない。

当時の書籍は、今思うと、難しいことは当然難しく説明してあり、簡単なことも難しく書いてある印象です。

多少なりとも予備知識があった私でも、人事制度・人事評価制度、賃金制度を理解することに苦しみました。小規模企業の社長は人事制度・人事評価制度、賃金制度の予備知識が無い方がほとんどだと思いますのでなおさら理解できないでしょう。賃金制度のことはさておき、人事評価制度の理解だけに努めたとしても、結果的には「わからない」となる方が多いのです。

そこで、小規模企業の社長にとってもわかりやすい人事評価制度が必要なのです。そもそも人事評価制度は人材の評価が目的だと考えているため、小規模企業としては「当社には関係ない」となるのですが、人事評価制度の真の目的は人材育成であることを理解できれば「当社に必要な仕組み」となるのです。ここで初めて、小規模企業の社長にとって人事評価制度は、「自分ごと」となるのです。

人は、どれだけ勉強しようと調べようと「自分ごと」にならないとあまり頭に入りませんし、理解が乏しくなるものです。しかし、「自分ごと」になったとたん、理解も容易になります。

人事制度・人事評価制度、賃金制度の書籍を読み漁っていた当時の私も、指導先がなかったので「自分ごと」に捉えられていなかったのでしょう。先に指導先が決まっていたら（このことの賛否は別として）、「自分ごと」として捉えることになり、理解が進んだと思います。

ですから、この本をお読みの小規模企業の社長さん。人事評価制度は、あなたが雇用している人材を育成し、組織の目的を達成するためのツールなのですから、まさに「自分ごと」なのです。人事評価制度を理解してください。人事評価制度の理解の方法は、この本を最後まで読んでいただければ大丈夫ですから。

次に「使えない」について説明します。これには二つの側面があります。

一つ目は、せっかく人事評価制度を導入したとしても使いこなせない、ということ。なぜ、使いこなせないのでしょうか。その人事評価制度が複雑だからです。もっとシンプルな人事評価制度であれば使いこなせるのでしょうが、何分複雑ですから使いこなせないのです。このことは、中堅企業における人事評価制度の問題点である「運用が面倒くさい」に通じる部分ですが、中堅企業においては、「一応使えてはいるが面倒くさいわりに成果が出難い」のです。小規模企業は使いこなせないというか使えていないのです。

実はこの「使えない」の、二つ目の側面として「そもそも小規模企業では使えない人事評価制度」だということがいえます。

小規模企業における人事評価制度の導入価値は人材育成です。とすると、人材の順番をつけることが目的の一般的な人事評価制度では、小規模企業にとってそもそも使えない人事評価制度ということになります。

人材育成を謳った人事評価制度は散見されますが、そもそもどのように人材育成するのか、能力開発制度とどのように連動しているのかがよくわからない場合が多いのです。

小規模企業向けの人事評価制度は、「人材育成に繋がる人事評価制度」ではなく、「人材育成を目的とした人事評価制度」にするべきです。このことから、多くの人事評価制度は、「そもそも小規模企業では使えない」ものということになるのです。

そして、「伸びない×2」についてです。

一つ目は、「人材が伸びない」です。小規模企業が人事評価制度を導入したところで人材の技量・能力・力量が伸びないということです。

そして、二つ目は、「業績が伸びない」です。人材の技量・能力・力量が伸びないのですから、発揮もできません。その結果、当然、業績も伸びないのです。企業業績が伸びないのであれば、何のために人事評価制度を導入したのかわかりませんね。

このようなことを書くと「企業業績と人事評価制度を一緒にしないでください」とツッコミを入れられそうですが、果たしてそうなのでしょうか。この考えには非常に違和感を覚えます。組織を動かしているのは人材です。その人材の技量・能力・力量が向上し、発揮することができれば当然業績も伸びるのです。もし、業績が伸びないのであれば、それは、人材の技量・能力・力量の伸ばす方向性が間違っているということになります。たとえば、土木工事を得意とする建設業者で人材に建築士資格を取得することを推奨するようなものです。土木工事の視野を広げるという点では間違っていませんが、ダイレクトではないですよね。

4　密室で行われる人事評価

あなたの会社では、既に人事評価制度を導入済みですか？

「導入していないからこの本を読んでいるのです」とお叱りを受けそうですが、実はそうでもないのです。当社が2018年9月から月2，3回のペースで実施している「カンタンすぎる人事評価制度セミナー」に出席される方の約40％は人事評価制度導入済み企業です。残りの60％は人事評価制度未導入企業ですが、その中にも人事評価制度策定に取り組んだが断念したという企業が一定数の割合で存在します。また、２０２０年1月に出版された前著『人事評価制度が50分で理解でき、1日で完成する本』（同友館）の購入読者も人事評価制度導入済み企業の方が一定数いらっしゃいました。

以上のことから、この本をお読みの方は、人事評価制度導入済み企業や人事評価制度導入を試みたことのある企業の方々が多くいらっしゃるのではないかと思います。ただ、小規模企業の場合は、90％くらいが人事評価制度に触れたことのない企業だと思われます。

人事評価制度に触れたことのある方ならお判りだと思いますが、人事評価は密室で行われることがほとんどです。〝密室で行われる〟とは、評価結果が公表されないということです。なぜ、公表されないのでしょうか？　それは公表できない理由があるからです。

この本の冒頭で、「すべてのことに根拠がある」と書きましたが、本来、人事評価制度の評価結果にも根拠が無くてはなりません。しかし、現状の人事評価制度は、評価の根拠があいまいなのです。ひどい場合には根拠が無いものさえ散見されます。そのことについて、最初のうち従業員は、「それはおかしい、変だ」と思うのですが、そのうち、それにも慣れてしまい他人ごとになってしまうのです。そうです、従業員にとって「自分ごと」ではなくなる瞬間です。

このような「密室で行われる人事評価」では、人材育成など夢のまた夢。人事評価制度自体の存在意義がなくなってしまいます。では、どうするのか？それは、評価基準が明確な人事評価制度を策定し運用すればよいのです。何ができたら良い評価を獲得でき、何ができなければ悪い評価になるのか。この評価基準を明確にし、公表しておくのです。私が指導する場合、「人事評価表」を社内に掲示しておくように社長に要請しています。

何ができたら良い評価を獲得できるのかを決定し、公表することは、組織が人材に求めていることを公表することです。まずはこのことを人材に理解してもらい、良い評価を獲得するように励んでもらうのです。ただ、自主的に高評価を獲得するために行動できる人材はわずか10％ほどでしょう。組織を挙げて人材が高評価を獲得できるようサポートしていくべきです。人数が少なければ少ないほど、ラクにサポートできますので、まさに「従業員一人からの人事評価制度」となるのです。決して難しくありません。詳細は、最後に説明します。

そして、評価結果についてもできる限り社内で公表してください。人事評価制度導入の初年度はさすがに評価結果を公表することを躊躇う組織もあるでしょうが、考えてみてください。評価期間に入る前に、「この一年間、このように評価します」と公表したうえでの評価結果ですから何も後ろ暗いことはありません。ちなみに「この一年間、このように人材育成します」でも構いません。人材育成のための人事評価制度ですから。

全従業員の評価結果を社内に公表することを躊躇う場合でも、最低限、本人には評価結果を伝えてください。その際、「あなたは○○ができたからこの部分は最高評価でした」「あなたは

△△が足りなかったのでこの部分の評価は一番下の評価となりました」と具体的に伝えてください。

この評価結果を本人に伝える場は、社長・上司（評価者）と部下（被評価者）との最高のコミュニケーションとなります。この最高のコミュニケーションの場をぜひ、目一杯に活用してください。

5 「人材の評価なんかしたくない」という社長の嘆き

この本の冒頭で、他人から評価されることを、人はどう受け取るかについて触れました。その説明としては、根拠が明確な評価は受け入れることができる、でしたね。

では、そもそも、評価する側である社長・上司は、人材の評価を喜んでしているのでしょうか？

答えは「NO」です。誰も、人材の評価などしたくありません。

では、なぜ、人材の評価をしたくないのか？これも根拠があるはずです。これを「Why」で掘り下げてみましょう。

なぜ1：なぜ、人材の評価をしたくないのか？
回答1：人材から恨まれたくないから
なぜ2：なぜ、恨まれるのか？
回答2：評価結果の理由を開示できないから
なぜ3：なぜ、評価結果の理由を開示できないのか？
回答3：評価基準がなかったり、評価基準があいまいだから

キリが無いのでこの辺にしておきますが、要は評価基準がなかったり、あいまいな状態での人材の評価は非常に辛いものです。そうなんです。そのような欠陥人事評価制度の被害者は、評価される側の人材よりも評価する側である社長・上司なのです。そのような人事評価制度では、人材を評価すること自体が苦痛です。そのような人事評価制度のもとで評価せねばならない罪悪感の表れとして、次のような評価結果となるのです。

・全員が普通の評価（全員が高評価もあり得る）
・持ち回りで高評価をつける

ましてや、評価結果で昇給金額が決まるとなると責任重大であり、人材を評価することに対してさらなる罪悪感が増し、上記のような当たり障りのない評価結果となってしまうのです。

要は、人はだれしも他人から恨まれたくないのです。

小規模・中小企業の社長の中には、「オレ自身が法律」と言わんばかりにすべて社長の主観で決定している方もいらっしゃり、人材の評価までも社長の主観で決定している事例を多くみてきました。ただ、少なくとも私に人事評価制度の相談をされる社長、「カンタンすぎる人事評価制度セミナー」に参加される社長は、「社長の主観評価ではいけない」と認識されている方ばかりです。評価基準が明確でデータさえあれば小学生でも評価可能な人事評価制度ならば、機械的に評価するだけなので、そのような善良な社長が人材の評価を辛く感じることもなくなります。そして、機械的に評価できるということは、基準に照らし合わせたうえで活動実態や結果を当てはめることですから、至らないことが明確になり、その人材が改善すべきこともわかり、社長・上司としてアドバイスが容易にできるようになるのです。

たとえば、トラック運送業に勤務する人材に対して、「〇〇さんは、交通事故削減のためのヒヤリハット情報の提出が他のドライバーさんより少ないです。年に〇件提出してもらえると事故削減への取り組み項目で最高点を獲得できますよ」と。このようなことが人材育成に繋がっていくのです。

もう社長・上司の嘆きである「人材の評価なんかしたくない」は、過去の負の遺産として、今後は、育成のための人材の評価を積極的に実施するために人事評価制度を策定・導入してください。

目に見えて、人材が育成されていくプロセスを実感できると思います。これこそ、社長にとって最大限の喜びとなります。

6 成果だけを評価しないこと：プロセス管理の重要性

私は、人事制度・人事評価制度コンサルタントであると同時にマネジメントシステムコンサルタントです。

マネジメントシステムと訊いてもピンとこないかもしれませんが、ごく簡単に説明するとＰＤＣＡを廻して改善していくことです。そして、マネジメントシステムの専門家としては、プロセス管理の専門家、原因追及の専門家と自負しております。

私は過去に９冊の商業出版をしました。さまざまなタイトルから「著者は何者なのか？」と思われるかもしれませんが、私としてはこの９冊の著作すべて、マネジメントシステムの視点で執筆しています。

私が仕事をしていくうえでのコア（芯）は、マネジメントシステムです。ですから人事評価制度においても重要な着眼点はマネジメントシステムであり、プロセス管理の重要性を説いています。

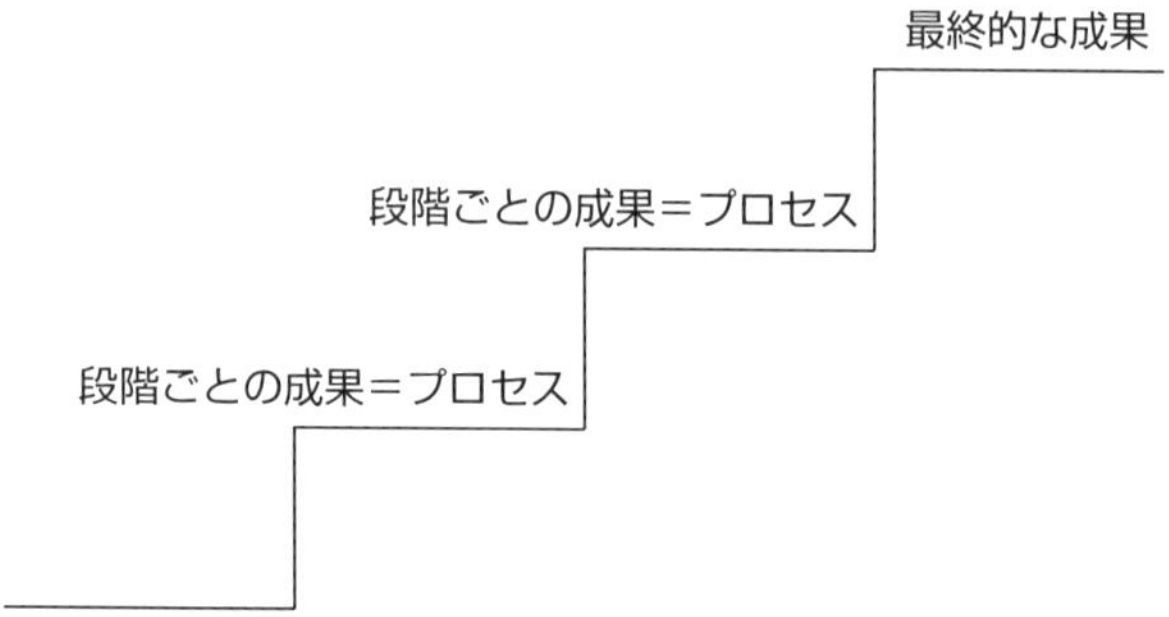

人事評価制度におけるプロセス管理の重要性とは、成果だけを評価してはいけないということです。「成果さえ出せばよい」とは決して考えないでください。この考えの根拠を説明する前に一つ定義しておきます。私が当項で「成果」と表現しているのは「最終的な成果」のことです。段階ごとの「成果」ではありません。一般的には、最終的な成果からみると段階ごとの成果はプロセスですから。

人事評価制度においては、成果だけではなく、**成果に至るプロセスも評価すべき**なのです。

あなたは「できた」と「できる」の違いが分かりますか？「できた」はたまたま偶然できたことも含まれます。「できる」は、計画の下にできるということです。それは目的達成のためのＰＤＣＡを廻したということです。「できる」には、再現性が有るということです。

営業担当者の人事評価で、たまたま「売れた」人材に高評価を与えても良いのでしょうか？ できません。なぜなら、たまたま売れたのであれば再現性が無いからです。

売るためのさまざまなプロセスを、計画の下に（P：Plan）実行して（D：Do）、その結果を検証し（C：Check）、改善につなげる（A：Act）。そしてその改善を次の計画に活かすのです。このPDCAを廻せた結果、「売れる」のであれば最高評価を付与しても良いでしょう。要は、売るためのプロセス（活動）を計画して実行・検証・改善したからです。

別の例で考えてみましょう。トラック運送業におけるドライバー職。

次のAさんとBさんのどちらに価値がありますか？　成果は同じです。

・Aさん：何も努力せずに無事故・無違反

・Bさん：交通事故・交通違反を起こさないための活動を実施した結果、無事故・無違反

もうお分かりですね。

Aさんは、今日にでも重大事故を起こしてしまうかもしれません。その点、Bさんは、日々、交通事故削減のための活動をしているので、Aさんに比べてBさんの方が格段に事故を起こす可能性が低いと考えられます。Bさんの交通事故削減のための活動こそがプロセスなのです。

だからこそ、成果だけを評価せずに、成果に至るプロセスを評価しなくてはならないのです。

プロセスを適切に管理できれば、良い成果を挙げられる可能性が格段に増すのです。

7 きれいごとばかりを言わないで

新卒採用を意識した自社サイトには、これでもか！と自社の長所を並べ立て、先輩社員のやりがいに満ちたメッセージやいかにもクリーンなフレーズで埋め尽くされた社長からのメッセージたちが並んでいます。

誤解のないように説明しますが、これらが問題だとは言っていません（多少、疑念を抱きますが）。

就職を控えた学生は、「自分の価値をどこまで高められるのか？」を重要視します。ご存じのように終身雇用も崩壊しつつあり、新卒で定年まで勤めあげようという学生は減少しています。だからといって定年まで勤務しないとは限りません。新卒で就職した組織で、自分の価値を高めることができ、ブラック企業でなければ長期間勤務する可能性は高いのです。

冒頭の自社サイトに掲載されている自社の長所、先輩社員のやりがいに満ちたメッセージ、社長からのクリーンなフレーズなどそれはそれで良いのですが、やはりそれらの根拠が必要なのです。根拠が不明確な場合、「きれいごとばかり」と学生に見抜かれてしまいます。

私の考える優良企業の重大な条件として、いかに人材を育成することができるのかがあります。

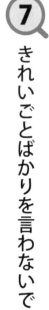

企業にとって人材は、購入したのではなく、レンタルさせていただいているのです。ですから、人材を疲弊させてはいけないことはもちろん、レンタルした人材の技術・知識・能力を高めるということは企業にとっても大きなメリットになります。なぜ、人材をレンタルしたのか？それは、使うためです。使わせていただいている人材の技術・知識・能力が向上し発揮してもらえば、一番得をするのは企業なのです。ただ、どこぞの社長のように「人材は使い倒してナンボ」という品のない考え方は止めてください。

新卒学生にとって魅力ある企業とは、自分の価値を高めてくれる企業です。小規模企業では、新卒採用なんてハードルの高いことかもしれませんが、不可能なことではありません。仮に従業員を1名しか雇用していない小規模企業の社長さんであっても、前述の考え方は企業規模に関係なくお持ちいただきたいのです。

レンタルした人材の技術・知識・能力を高めるためには、人事評価制度を十分に活用する必要があります。

人材育成が実現できる人事評価制度を策定・運用できれば、組織の大小は関係ないとまでは言いませんが、差をかなり縮めることができるでしょう。

8 人材を育成できなくて、まともな社長と言えますか

管理職の役割は何だと思いますか？　部下や部署の管理ですか？　それは当たり前。一番重要な役割は、人材育成なのです。

小規模企業の場合、社長がその役割を一手に担うことになります。ですから、社長として人材の育成が重要な役割となるのです。

人材育成。たった四文字ですが、非常に難しいことです。ちなみに社長の傾倒している宗教やコンサルタントの自己啓発セミナーに人材を強制的に参加させるようなことは人材育成ではありません。人材育成とは、自社で人材の技術・知識・能力を伸ばすことなのです。

文字にすると非常に簡単なのですが、それができてない企業がほとんどです。毎月２，３回実施している「カンタンすぎる人事評価制度セミナー」への参加者に毎回、「教育訓練計画を立案している企業はどれくらいありますか？」と質問するのですが、手が上がるのは10％未満です。いくら何でも少なすぎると思い、質問の仕方を「教育訓練計画を立案していない企業はどれくらいありますか？」に変えてみても、やはり90％程の方が手を挙げます。ちなみに参加者のほとんどが社長です。

教育訓練計画が無いということは、ＰＤＣＡの「Ｐ：Plan」が無いということです。、教育訓練を意図的に行う意思が無いならば、人材を育成することなどできません。

もし、あなたの組織が人材育成について「見て覚えろ盗め」「俺の背中をみろ」という時代錯誤の考え方をされているようならば、組織寿命がすぐそこまで来ていると理解してください。「カンタンすぎる人事評価制度セミナー」に参加する、人材に対して興味を持っている社長さんの企業でさえ教育訓練計画が未作成なのですから、小規模企業で教育訓練計画が存在しないことは当たり前なのかもしれません。しかし、それで安心してはダメです。

小規模だからこそ人材育成の成果が大きいのです。ただ、人材育成、教育訓練と訊くとどうも尻込みしてしまう社長の気持ちも理解できます。だからこそ、人事評価制度の導入です。

何ごとも組織がこじんまりしているときに仕組みを構築しておくと非常にラクです。もしあなたの組織が非常に小規模で今後規模拡大の予定が無いとしても少数精鋭組織構築のために人事評価制度は必要ですし、今後拡大の予定があるのでしたらなおさら、今のうちに仕組みづくりしておく必要があるのでしょう（土台である基礎をしっかり築いておく）。余談ですが、賃金制度（給与制度）についても従業員数が一桁のうちに策定しておくことを強くお勧めします。従業員数が20名以上になると、新賃金制度への移行は非常に面倒くさいのです。

小規模企業こそ人材育成が必要であり、育成できた場合の価値が大きいのです。組織が小さいこと。それは、「少数精鋭の組織構築」「今後の組織規模拡大に備えた盤石は土台作り」の大きな大きなチャンスなのです。

9 要求力量のハードルを設定し「教育訓練計画」を立案する

前項では人材育成の重要性を説明しました。

では、どのように人材育成を行えばよいのでしょうか?

その前にものすごく重要なことを説明します。それは、まず、**組織が人材に要求する技術・知識・能力のハードルを設定する**ことです。

社長・企業は人材に対して、「ここまでの**技術・知識・能力**を身につけてください」と要求しなくてはなりません。これが、「要求力量のハードル」です。

人材は自分に示された「要求力量のハードル」を認識することにより、目指すべき到達点、超えるべきハードルを明確にできます。そして、その「要求力量のハードル」と「現状の自分自身の**技術・知識・能力**」の「差」を知り、それを埋めなくてはなりません。

この「差」こそが「教育訓練のニーズ」であり、これを根拠に「教育訓練計画」を立案する

【要求力量のハードルと現状力量のイメージ】

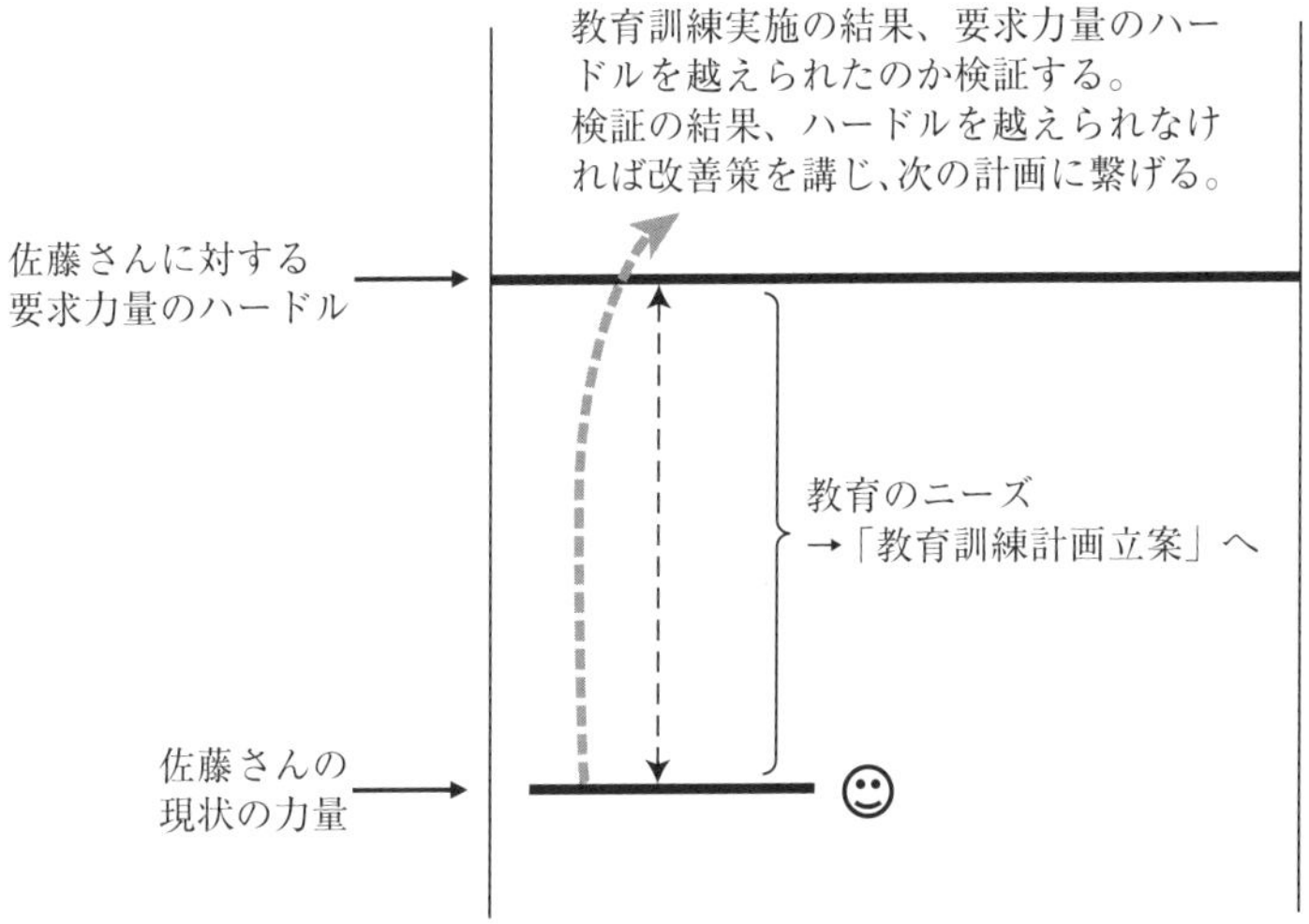
教育訓練実施の結果、要求力量のハードルを越えられたのか検証する。
検証の結果、ハードルを越えられなければ改善策を講じ、次の計画に繋げる。
佐藤さんに対する要求力量のハードル
教育のニーズ
→「教育訓練計画立案」へ
佐藤さんの現状の力量

のです。

「教育訓練計画」が立案された時点でPDCAの「P：Plan」が完成となりますからあとは、「D：Do」「C：Check」「A：Act」を廻していくのです。

まれに「教育訓練計画」を立案している企業に出会えても、「教育のニーズ」を根拠としている企業はほとんどありません。そもそも、人材に対して、「要求力量のハードル」を示している企業などゼロに等しいからです。これは大企業であってもです。ただ、大企業の場合、具体的に「要求力量のハードル」を設定しなくても、元々やる気のある人材が多く、競争原理が働いていますから能力向上が実現できているのです。小規模企業では、競争原理が存在しない企業がほとんどですから、会社側があえて「要求力量のハードル」を設定しなくてはならないのです。

過去にこの話をすると、「わが社は『職能等級定義表』(★1)により人材への要求力量を明確にしています」と仰った社長がおられました。その「職能等級定義表」を拝見してビックリ。「部下の手本となる○○が作成できる」というような、どうにもこうにも抽象的な表現で、要求力量を明示しているとは言えないようなシロモノだったのです。

★1：「職能等級定義表」とは？
正式には、人材が保有している「職務遂行能力」を等級別に規定した表のことです。

当社が人事制度を指導する場合は主には中小企業向けに6等級に分け、職務遂行能力が一番低い1等級が新入社員から数年のレベル、職務遂行能力が最高の6等級がエキスパートレベルという目安にしています。また、等級と役職は必ずしも一致しませんが、仮に6等級とした場合、目安として以下のように考えることもできます。

【職能等級と役職の関係：目安】

	等級	役職の目安
上位等級	6等級	部長、次長
↓	5等級	部長、次長、課長
↓	4等級	次長、課長、係長
↓	3等級	課長、係長、主任
↓	2等級	係長、主任、役職なし
下位等級	1等級	主任、役職なし

等級数は、組織の状況により3等級から20等級くらいで設定します。ただ、中小企業の場合は、3～8等級くらいが多いようです。

10 パッケージ化された人事評価制度はいらない

小規模企業（零細企業、従業員数20名以下の企業、個人事業）で人事評価制度と人材育成制度を導入した場合、１００社あれば１００通りの制度ができるはずです。ただ、現状、小規模企業で人事評価制度と人材育成制度が存在する確率は限りなくゼロに近いのです。だからこそ、人材育成のための人事評価制度を導入した小規模企業は、他の小規模企業と圧倒的な「差」をつけることができます。

人事評価制度を導入する際の注意点があります。それは、**あらかじめパッケージ化された人事評価制度を導入しないこと**。

人事評価制度の中には、あらかじめ完成形が決まっているパッケージ化された人事評価制度があります。もちろん、評価項目まで一律ではありませんが、おおよそ決まっており、当たり障りのない内容になっているのです。要は、失敗もないが成果も出せない人事評価制度とでも表現しましょうか。

このような人事評価制度を小規模企業が導入しても使いこなせないですし、小規模企業の目的である「少数精鋭組織の構築」「今後の組織規模拡大に備えた盤石な土台作り」「後継者育成」「事業承継」を実現することはむずかしいでしょう。

小規模企業が人事評価制度を策定する場合、対象人材が明確になっていますので、その人材の顔を思い浮かべながら評価項目と評価基準を策定していきましょう。これも「ワントゥワン人事管理」ですね。あらかじめパッケージ化されているような、標準化された人事評価制度ではダメなのです。

私は人事制度・人事評価制度の専門家であると同時にマネジメントシステムの専門家です。既に22年ほどマネジメントシステムの世界にどっぷり浸かっています。マネジメントシステムにおける重要な考えの一つに「標準化」があります。

「標準化」とは、規格や処理方法を統一化し、同様の結果に導くという考え方です。人事評価制度において、人材を育成し活躍してもらうための標準化であれば良いのですが、評価項目の標準化では欠陥のある人事評価制度と言わざるを得ません。

小規模企業が人事評価制度を導入するのであれば、評価項目、評価基準、育成方法等、完全オリジナルの内容にする必要があります。だからこそ、「少数精鋭組織の構築」「今後の組織規模拡大に備えた盤石な土台作り」「後継者育成」「事業承継」等の目的が達成できるのです。

小規模企業の人材は、個性あふれる人材であってほしいと考えるのは私だけでしょうか。大規模組織や公務員のように、あえて標準化された人材を育成するのではなく（全員がそうではないですが）、個性的な人材だからこそ個性的な製品やサービスを提供する。社会を変えることができる製品やサービスを造り出せる人材を育成する。そのためには、小規模企業の人事評価制度も個性的な仕組みを目指すべきなのです。

11 人事評価制度と組織内の他の取り組みが連動していない

2＋2＋2の答えは、通常であれば、もちろん6ですね。ただ、それが4になっている組織のなんと多いことでしょうか。計算式の各数字（2）は、仕組みやルールのことです。この既存の仕組みやルールと人事評価制度が相反した内容の場合、お互い干渉しあい合計点よりマイナスになるのです。最低でも6にしたいところですが。

たとえば、組織内の「人事評価制度」「就業規則」において、「人事評価制度」では終業後に整理整頓に取り組むことに高評価を与え、「就業規則」では業務終了後は速やかに退社することや残業の許可制が謳ってある場合、内容が相反しています。

また、「品質マネジメントシステム」では、自社に製品・サービス提供能力がない場合の受託を禁止しているが、「人事評価制度」では顧客からの依頼を断らないことに高評価が与えられている場合なども従業員は判断に困ってしまいます。

このような場合、確実に2＋2＋2の答えは、**6未満**になります。

私は人事制度・人事評価制度コンサルの場、1300回を超えるマネジメントシステム審査の場でこのような事例を非常に多数みてきました。

なぜ、このようなことが起きてしまうのか？すべての問題に原因がありました。

その原因とは、「就業規則」「品質マネジメントシステム」が既に存在し、後から「人事評価制度」を追加策定する場合、その**策定者が「就業規則」「品質マネジメントシステム」を理解していないから**です。

小規模企業の場合、社長であればすべて把握してると思います。だからこそ人事評価制度は社長がつくるべきです。

仮に人事評価制度の策定をコンサルタントに依頼する場合でも、「就業規則」と「品質マネジメントシステム」を理解してもらうことが望ましいのです。

「就業規則」「品質マネジメントシステム」を理解しているコンサルタントが人事評価制度を策定することにより、**「2＋2＋2」を「9」にすることも可能でしょう。**

仕組みやルールとは本来、干渉しあって足を引っ張りあうものではなく、相乗効果により成果を高めるものなのです。

佐藤敏夫、35歳。

3年間修業したパン店を退職し、すべての製造工程を自店で行う、こだわりのパン店を開業。

佐藤はこの店を成功させ、そのノウハウで多店舗展開を実現させるため、最初から会社組織にして、パート・アルバイト職員を雇うことにした。

佐藤にとって過去の職場で後輩が居たことはあるが、ヒトを雇用するのも部下を持つのも初めてである。

会社名（店名）は「シュガー&ソルト」。

OPEN
9月某日、開店7日前―。

皆さん、こんにちは。オーナー兼、社長兼、職人の佐藤です。皆さんには、単なるパートさんではなく、「報酬を得て働くプロ」として、活躍してほしいのです。そして、多店舗展開のための核となる人材になっていただくことを期待しています。

私はエミコです。夫と中学生の息子と暮す43歳です。以前信用金庫に7年務めていました。

タツロウといいます。食品製造業を定年まで勤めました。62歳です。

マルコです。日系三世です。以前の職場では長時間残業でダウン寸前でした。28歳です。

佐藤はスタッフ達に製パン工程やレジ打ち・袋詰めなどのパン店の一通りの作業をレクチャーしていった。

開店後、お店は繁盛し売り上げも好調！

店長、このような新製品はどうでしょうか！

こういうPOPをプライスカードにつけてみては？

オープン3か月たっても大繁盛！

しかし、造っては売るをただくり返すだけの毎日。

こんなに忙しいと、スタッフたちに教える時間がない。どうしよう……。これじゃ多店舗展開なんて夢のまた夢だ。

俺たちって、この店にとってなんなんだろ……

次、何をしたらいいですか？

じゃ、この作業を頼む。

すみません、よくわからないので教えてください。

なら、自分でやるからいいわ。

なんで、俺だけこんなに忙しいんだろ！

次、何したらいいですかぁ！

君たち！やるべきことを自分で考えないのか!?
お言葉ですが、作業をしようにも、教えてくれてないじゃないですか！
そうですよ
店長は私たちを単なるコマだと思ってますよね？面接のとき、多店舗展開のためにがんばってほしいと言ったのに、私たちを育てる気などないのですね！
・・・・・
うん うん
そりゃ、その気持ちに変わりはないけど、こう忙しいと……
まずい、このままじゃ多店舗展開どころかこの店もダメになる……
多忙な自分でも人材育成できる方法はないものか。
んっ？ 従業員1名からの人事評価制度？

人事評価制度って、従業員を評価することだよな。うちみたいにパートさん3名の職場には関係ないな。
いや、まてよ。この人事評価制度は、人材育成のためのツール?「たった1日で完成するカンタンすぎる人事評価制度」……
佐藤は、人事評価制度で人材育成ができるのかと疑問を抱きながらも「カンタンすぎる人事評価制度」についての書籍を購入した。その内容を抜粋すると次の内容であった。
・人材を育成して組織の目的を達成するツール
・従業員1名から使える（パートであっても）
・1日で完成する人事評価制度である
・すでに多くの小規模・零細企業が導入済みである
そして、思い切って著者に電話してみた。

「カンタンすぎる人事評価制度」は、うちのような小さいお店でも人材育成できるのですか?

（電話の向こうの声）

もちろん大丈夫です。「カンタンすぎる人事評価制度」は1名でも人材を雇ったら活用できるツールですから。

よろしければ、まずはセミナーへお越しください。

わかりました。申し込みます。

「カンタンすぎる人事評価制度セミナー」参加者は20名ほどで、参加者のほとんどが中小零細企業の社長や個人事業の代表者だった。

カンタンすぎる

うちのようなお店でも導入できますか？

それはどうでしょうか。あなたに導入する資格があるのか確認させてください。

えっ？資格？

この人事評価制度では社長の思いどおりの組織をつくれます。ですから、邪な考えを持っていると邪な組織ができてしまうのです。

だからこそ社長の
・人材への思い
・会社への思い
・顧客への思い
に曇りがないことが必要なのです。
I♡人材
I♡顧客
I♡会社
なるほど
たとえば、人材をモノのように考えていると、そのような会社がつくれてしまいます。
佐藤は今までのいきさつを説明した。
・雇用したパート3名の状況
・人を雇用するのも部下を持つのも初めて
・ゆくゆくは多店舗展開したい
・3名のパートにはプロとしての自覚を持ち、将来多店舗展開するうえで核となってほしい
・いずれ社員になってほしい
・開店5か月経過したが忙殺されている
・教えるのが大変で一人で抱えている
・人材からは何も教えてくれないと言われている
・パート・自社・顧客に対する思い……

だいたい理解できました。社長さん自身が従業員、会社、顧客に邪な想いがなく、お話しいただいた現状であれば、「カンタンすぎる人事評価制度」を導入でき、人材育成も実現できるでしょう。

最初にやるべきことは、どのような人材に、いつまでになってほしいのかを明確にするのです。

たとえば、マルコさんは、若く前向きなので、将来当社が多店舗展開するうえで幹部となってほしいのです。

では、それを文章にして本人に伝えるべきです。

コク
さらに幹部となるために必要な技量、力量などを明確にするのです。これが要求力量のハードルです。

力量
技量

この「要求力量のハードル」は、他のパートの2人にも設定するのですか？

もちろん！

そして、その内容を「人事評価表」に盛り込むのです。

「人事評価表」？

「人事評価表」って従業員を評価するものですよね？ 育成と関係あるのですか？

いいですか！ 本来人事評価制度は、人材育成のためのツールなのですよ。

「要求力量のハードル」は、可能であれば従業員ごと、それが無理なら職種ごとに設定して、「人事評価表」の評価項目と評価基準に反映させます。そして公表します。

これにより、人材は自分が身に付けるべき力量を認識できるのですね。

マルコさん
なるほど!!

この「人事評価表」をつくっていく過程で人材育成や組織の目的達成に必要なことを洗い出していくのです。

このことにより通常3年かかる育成が1年で可能になります。

「みて覚え盗め」とは、教える能力がない、残念な育成方法です。

↑これで良いのか??

人材育成の第一歩は、社長や会社が従業員に身に付けてほしい力量等を明確にすることなのです。

なるほど。でも、人事評価制度の運用って難しい印象ですが……。うちでも運用できますか?

大丈夫です。「カンタンすぎる人事評価制度」は、小学生でも評価できるラクな仕組みですから。

では、さっそく1日で「人事評価表」を3種類つくってしまいましょう!

評価表

本当に1日で完成しましたね！
通常は作成に数か月かかりますが、この方法だと1日で完成します。
半年から一年
一日

佐藤の会社（お店）では、従業員ごとに3種類の「人事評価表」を作成したが、職種や部署ごとに作成しても構わない。

たとえば、建設業の場合、「工事部」「総務部」「営業部」など。


3人の評価表には、社長である佐藤の人材への思いが込められていた。

タツロウさんには、大手食品製造業における現場での製造経験、生産管理、品質管理の知識を活かして、当社の指導的役割を期待したいこと。

マルコさんには、当社が多店舗展開するうえで社長の右腕的存在になってほしいこと。

エミコさんには、人材育成の役割を担ってほしいこと。

実際には、製パン技術、衛生管理の知識、顧客対応など具体的なハードルを設定した。

指導的役割
社長の右腕
人材育成

店長は私たちに、このような「思い」を持っていてくれたのですね。
当たり前です。あなた達が活躍してくれなきゃ多店舗展開どころか、このお店もダメになっちゃいますから。

こうして佐藤のお店（会社）では、1日で「カンタンすぎる人事評価制度」を導入して人材育成に着手した。

ここで、重要な注意点を一つ。

「カンタンすぎる人事評価制度」を導入する場合、実現したい目的、もしくは、解決したい問題を必ず明確にしておくこと（佐藤の場合は、「多店舗展開の実現」だった）。

第3章
1日でできる「カンタンすぎる人事評価制度」

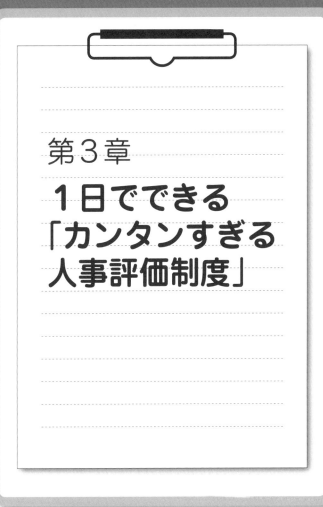

1 たった1日で策定できる!

私が開発した「カンタンすぎる人事評価制度」は、本当に1日で策定できるのです。

通常、企業に私が指導に入る場合、9時から16時の間で2種類の「人事評価表」を策定します。

小規模企業であれば、2種類の「人事評価表」をつくれば人事評価制度を運用できる場合が多いので、〝1日でできる〟のです。仮に4種類の「人事評価表」を策定する場合は、1日半（約9時間）で策定します。

以下、「カンタンすぎる人事評価表」の策定時間を示します。

評価表の種類	策定時間（目安）
最初（一枚目）の人事評価表	4時間
二枚目の人事評価表	2時間
三枚目以降の人事評価表	1・5時間（一枚当たり）

たとえば、6枚の「人事評価表」を策定する場合、2日間（12時間）で策定できる計算になります。

小規模企業で「人事評価表」を6枚つくることはほとんどありません。

第2章で、一般的な人事評価制度は策定に半年から1年半必要と説明しましたが、「カンタンすぎる人事評価制度」は、1日で策定できるのです。

では、なぜ、通常、策定に半年から1年半必要な人事評価制度が1日で完成できてしまうのでしょうか？　すべてのことに根拠があります。

しかし、その前に一般的な人事評価制度の策定手法をみておきましょう。

まず、一般的な人事評価制度は、企業規模にもよりますが数名から十数名による「人事評価制度策定プロジェクト」を結成します。

このプロジェクトには、管理職やベテラン社員から入社間もない社員まで、さまざまな方が参加します。なぜ、入社間もない社員をプロジェクトに参加させるのか？　これは一つのポーズですね。「このように新人の声も拾い、さまざまな人材からの意見をまんべんなく集め反映した、皆で策定した人事制度ですよ」と組織内に示し、理解されるためです。

一般的な人事評価制度は、運用自体も非常に面倒くさいのです。この運用が面倒くさい一般的な人事評価制度を運用していくためには、「皆で策定した仕組みなんですよ！」と社内の人材に認識させる必要があるため、このような策定方法になるのです。

ちなみに社長は「人事評価制度策定プロジェクト」に参加しないか、参加してもオブザーバー的な参加に留めます。これも、経営層が勝手に策定したのではなく、皆で策定した人事評価制度であることを認識させるためです。人事評価制度策定に於いて社長は蚊帳の外という扱いです。

小規模企業が人事評価制度を策定する場合、このような中小・中堅企業の人事評価制度策定手法を真似てはいけません。いや、中小・中堅企業であってももっと楽な策定方法が存在します。

また、一般的な人事評価制度の策定方法として、前述のプロジェクトチーム策定方式を活用しない方法もあります。

①コンサル会社に策定を丸投げする

人事制度・人事評価制度コンサルタントがその企業の実態や方向性をインタビューして人事評価制度を一冊のファイルにまとめる方法です。正直、一番選択してはいけない人事評価制度策定方法です。あらかじめパッケージ化されている人事評価制度の場合が多く、しかも高額です。高額な策定料を支払ううえに、使えない人事評価制度を導入するのは、人事評価制度の活用という点で考えるとまったく無意味だといえます。

②社長が苦労して策定する

この方法で人事評価制度を策定する社長さんも一定数いらっしゃいます。ただ、この場合、何らかの見本を参考に策定することになります。その見本こそが、大企業・中堅企業向けの人事評価制度である場合が多いのです。そうなると、難しすぎるため、多くの社長は策定を途中で断念してしまいます。ただ、断念した方が社長にとっても、組織にとってもまだマシなのです。なぜなら、完成した場合、とても複雑な人事評価制度になるからです。複雑すぎて、策定した社長以外は理解できず、時が経てば社長でさえも忘れてしまいます。その結果、運用できない。もしくは、運用できたとしても使いこなせないために成果が出ないシロモノとなります。

幸運にも大企業・中堅企業向け人事評価制度を見本にしなかった場合、前述したプロジェクト方式で策定する人事評価制度が見本になります。この場合も、プロジェクトチームによる策定方法の人事評価制度ですから、社長一人で策定するのであればプロセスが異なるのです。その結果、自社が活用できる人事評価制度を完成させることは困難と言えます。レストランでもコックさんが多数で作る場合と、仕込みから仕上げまでコックさん一人でこなす場合とでは、料理の製造方法が異なりますよね。

以上、一般的な人事評価制度の策定方法を説明しましたが、一方で「カンタンすぎる人事評価制度」は、なぜ1日で完成できてしまうのでしょうか？

◉「カンタンすぎる人事評価制度」が1日で完成する理由①

「カンタンすぎる人事評価制度」は社長が作ります。社長が「人事評価表」を策定する部署の業務内容を理解していれば社長一人で作れます。社長だけでは業務内容が理解しきれていない場合は、当該部署の業務内容を理解している管理者と一緒に作ります。そのため、評価項目も評価基準もその場で明確にできるのです。また、その人材の育成に繋がる評価項目も明確にできるのです。

理由①：評価項目、評価基準および育成項目がその場で明確にできる

◉「カンタンすぎる人事評価制度」が1日で完成する理由②

評価項目、評価基準および育成に繋がる評価項目を明確にした後、決定（承認）がその場で完結できます。なぜなら、その場に組織の最高位責任者である社長と「人事評価表」策定部署の管理者が同席していますので、その場で即、決定（承認）できますから。

理由②：評価項目、評価基準および育成項目をその場で承認できる

◉「カンタンすぎる人事評価制度」が1日で完成する理由③

評価項目と評価基準を策定するときに、「社長」が策定する場合と、「社長以外」が策定する場合とでは内容の厳しさに「差」が生まれます。

このことは、膨大な数の策定指導をしてきた経験からハッキリと言えます。

この場合の「社長」とは、組織の最終責任を一手に担っている方のことです。呼称は一般的に「社長」である場合が多いですが、それ以外にも、オーナー、会長、副社長、専務などの呼称の方もいらっしゃいます。また、社長という呼称であっても雇われ社長の場合は組織の最終

責任を一手に担っているとは考え難いです。

また、「社長以外」とは、組織の最終責任を担っていない方や、組織の不祥事発生時に辞めれば済む方です。具体的には、副社長、専務、常務、取締役、部長、課長もしくは雇われ社長など。ただ、呼称が部長であっても組織の最終責任を一手に担っている社長と同族の場合は、社長と同じ立場と言えます。

ちなみに大企業の社長は、不祥事を起こしても辞任すれば済むので小規模・中小企業のオーナー社長からみるとお気楽な立場と言えます。

「社長以外」が「人事評価表」を策定する場合、どうしても人材から嫌われたくないと思う傾向があり、「他人ごと」とまでいかなくても１００％「自分ごと」と考えられない傾向から評価項目や評価基準が甘くなるのです。

これと同様にプロジェクトチームで人事評価制度を策定する場合も評価項目、評価基準および人材育成項目が甘くなってしまうのです。これはある意味当然です。誰も自分に対する評価基準を厳しくしてほしくないでしょうし、策定時に多少「甘いなぁ」と感じたところで、「皆で決定したことだから」という集団行動による甘えが出てしまうのです。

また、雇われ社長が苦労して策定する場合も、見本にするのは、所詮オーナー社長の着眼点を反映していない一般的な人事評価制度の見本ですから、人材寄りの内容になってしまいがちです。私は何も評価基準等が〝人材寄りの内容〟が悪いといっているのではなく、目的達成のためにはあえて多少厳しめにすべきであり、その厳しさを人事評価制度に込められるのは、組織の最終責任を一手に担っている「社長」であると理解しています。

以上のとおり「社長」は、厳しい内容の人事評価制度を一回で決定することができるため、何度も策定をし直したり、さまざまな担当の意見を訊く手間を省けるのです。だからこそ1日で完成できるのです。

理由③：社長ならば、一回で厳しい内容を決定できるから

以上、3つの理由をみてきましたが、**要は、組織の最終責任を一手に担っている社長が策定することで、さまざまな立場・能力の方々を経ずに済むため、無意味な討議、配慮等を大幅に削減でき、皆で右往左往することなく、スムーズに策定できるからなのです。**

そして何よりも「カンタンすぎる人事評価制度」策定のためのメソッドを活用するからです。

私は、労働時間削減のための生産性向上の仕組みであるタイムクリエイト・マネジメントシステム（時短の仕組み）も開発し、企業に指導もしていますが、この生産性向上の仕組みを「人事評価制度策定」に当てはめた結果が、「カンタンすぎる人事評価制度」の策定プロセスでもあるのです。

2 社長・親方のためになる

人材の技術・知識・能力が向上し、発揮されれば、その結果、組織が目的を達成でき、組織の経営トップである社長が一番得をします。そして、その〝得〟を人材に還元することで、人材の励みとなりより一層に能力の向上と発揮に励みます。まさにスパイラルアップです。

見出しに〝親方〟と書きましたが、一部の職人系の事業では、社長や事業主のことを「親方」と呼ぶ場合があるのであえて、そのように表現しました。また、芸術関連や士業の場合は、社長や事業主のことを「先生」と呼ぶことがありますので、この本では、社長、事業主、親方、先生は同じ意味だと思ってください。要は「経営トップ」です。

経営トップであれば、自分が主宰する仕事・事業に思い入れがあるはずです。顧客側からすれば、経営トップに思い入れが感じられない企業からの商品やサービスは購入したくないですよね。

特に人事評価制度や人材育成に興味を示す経営トップは、ご自分の仕事に深い思い入れがあります。その思い入れのある仕事・事業を何とか継続していきたい、後世に残していきたいと思っているのです。「カンタンすぎる人事評価制度」は、人材を育成することが第一ステップですから、経営トップはまず、人事評価制度に取り組むべきなのです。

想像してください。自分が創りあげた製品、サービスもしくは事業がこの先長い年月を経て社会に提供され続けることを。もちろん、その時期ごとに改善を重ねながらです。先代から引き継いだ製品、サービスもしくは事業を苦労して引継ぎ、改善を加えた後継者がいたのです。こんなに素晴らしいことはありません。

今の日本には後継者が見つからず廃業に追い込まれる企業、消滅してしまう伝統工芸、技術が存在しています。今、廃業や消滅に追い込まれていなくても、今後10年でどれほどの企業、伝統工芸、技術が消滅してしまうのでしょうか。それは、非常にもったいなく恐ろしいことです。

あなたの周りにもありませんか？　伝統工芸や高度技術とまでは言えないまでも、美味しい蕎麦を提供していた蕎麦屋さんの廃業、最高技術のクリーニング屋さんが廃業した事例などを。それらを何とかしなくてはなりません。

そのためには人材育成をプロセスとした、企業の目的を達成するための「カンタンすぎる人事評価制度」の導入・運用が必要です。

経営トップは、良いものを作るだけではなく後継者を育成する義務があるのです。組織のナンバー2を育成する義務があるのです。そして、後世に残してください。お願いします。

そうなれば、経営トップである社長、事業主、親方、先生にとっても、言葉では言い尽くせないほどの価値がかならず残るのですから。

3 自社の存在価値を認識し、社会にPRする

「カンタンすぎる人事評価制度」を策定するとき、最初に考えるべきことは何でしょうか？

何を評価するのか？　評価基準をどうするのか？　評価項目を何種類にするのか？

すべて違います。

最初に考えることは、**自社の存在価値について、**です。

私は、20年以上1300回以上のマネジメントシステム審査をさまざまな企業・業種に実施してきました。そのとき経営トップへの審査も行いますが、その際必ずさせていただく質問があります。

「御社の品質は何ですか？」

この質問に約半数の経営トップは即答されますが、残りの約半数の経営トップは答えに窮されます。そこで質問の仕方を変え、「御社は何を提供してお客様からお捻りをいただいていますか？〝お捻り〟とは報酬や売り上げのことです」と聞きます。

たとえば、一般住宅建築業の経営トップの回答としては、「当社は住宅を建築し提供しています」という回答が標準的なのですが、それでは足りません。「家族が安心して集い・暮らせる場所を提供しています」というような回答をしていただきたいのです。

このような回答をされる経営トップは、自社に対する思い、従業員に対する思い、顧客に対する思いが深い方なのです。このような経営トップに「カンタンすぎる人事評価制度」を導入していただきたいのです。

もちろん、いきなりマネジメントシステムの主任審査員に審査の場で、顧客に何を提供しているのか？と質問され満足いく回答ができる方など少数派なのかもしれませんので、最初の回答から掘り下げていただきたいのです。それこそが「自社の品質」をベースにした「自社の存在価値」なのです。

「カンタンすぎる人事評価制度」を策定するための第一歩は、この「自社の存在価値」を明確にすることから始まります。だからこそ、自社に対して、従業員に対して、顧客に対して、深い思いがなければ「カンタンすぎる人事評価制度」は策定できないのです。いや、策定はできます。しかし深い思いがない経営トップが「カンタンすぎる人事評価制度」を策定した場合、十分な効果を得ることができないどころか、悪用される可能性もあるので、そのような経営トップは手を出さないでいただきたいのです。

「カンタンすぎる人事評価制度」を導入し、自社の人材に「自社の存在価値」を認識させることができると、組織風土が変わり始めます。

先ほどの一般住宅建築業を例にとると、存在価値である「家族が安心して集い・暮らせる場所を提供しています」が自社従業員に浸透すれば、業務遂行時に行動を迷った場合に決定の指針とすることができます。

たとえば、資材の高騰により住宅の仕様変更を検討することになった場合に、耐震性を少し緩和した資材を活用すべきか否かの判断が必要になったとします。その資材を活用することにより、施主（購入者）の家族が安心して集い・暮らすことが阻害されるか否かを考慮して決定することになるのです。

このように改善された組織風土の下で事業活動することで、社会に自社の存在価値をＰＲすることができていきます。確かに組織風土は一朝一夕に醸成できませんが、組織を構成する人材に対して「自社の存在価値」を認識してもらうことは比較的にラクにできるのです。ましてや、「自社の存在価値」と連動している評価項目および評価基準により従業員自身が評価されるのですから、「他人ごと」ではなく「自分ごと」として捉えることになるのです。

4　３年後の自社の立ち位置・到達点を決める

「カンタンすぎる人事評価制度」は、人材育成のツールであり、その先にあるのは、組織の目的実現です。

そのためには、実現したいことを明確にしなくてはなりません。それも単に「儲けたい」「売上向上」「従業員数増加」などではなく、より具体的に、できれば数値化して表現できると良いでしょう。

・3年後に売上を現状の1・5倍にする
・3年後に従業員数を現在の4人から10人にする
・3年後に新商品のレモンケーキが自社売り上げの30％を占める

これらのように、特に3年後にこだわる必要はないのですが、人材育成を成し遂げた結果の組織の到達点ですから、1年だと短すぎ、5年だとイメージしにくいため、私が指導させていただく場合は、〝3年後〟を活用するようにすすめています。

明確な到達点が示せない場合は、「カンタンすぎる人事評価制度」も抽象的な人事評価制度になってしまう可能性があるので、できるかぎり具体的に到達点を設定してください。

ただ、あまりにも無理な到達点では意味がありませんので、あくまで実現可能だと考えられる到達点の設定をお願いします。

人は面白いもので、目標を達成すると自然に次の目標を立案したくなるものです。こうしてスパイラルアップが身に付いていくのです。あなたも日々の仕事に忙殺されるのではなく、自社や自分は3年後にどうあるべきなのか考えてみてください。

私も大雑把で細かなことが大嫌いな性格ですから、3年後の目標などはいちいち考えたこともなかったのです。正直、今でも3年後の目標を文書化はしていません。ただ、口頭で3年後の自分の立ち位置をいくらでも説明することができます。これは文書化よりも確実です。

5 後継者、社長・親方にとって理想の人材を育成することができる

あなたにとって、理想の人材とはどのような人材でしょうか？

「カンタンすぎる人事評価制度」は理想的な人材を育成するためのツールです。

そのためには、あなた自身が、「自分にとっての理想の人材とは○○のような人材だ」と、具体的にしなくてはなりません。

・自分と同じような性格、考え方の人材が良いのか？
・自分とは真逆なタイプの人材が必要なのか？
・自分の足りないところを補ってくれる人材が必要なのか？
・組織の管理をしっかりできる人材が良いのか？

・渉外活動に優れている人材が良いのか？
・冷静沈着タイプが良いのか？
・すべてに前向きでプラス思考の人材が良いのか？
・ある専門的な分野に詳しい人材が良いのか？

基本的に「カンタンすぎる人事評価制度」では、既存人材を育成するので、既存人材の持って生まれた性格を変えることはできないため、育成は難しいのではないか？との意見もありますが、元々の性格は変えられなくても、考え方を身につけてもらうことは可能なのです。

たとえば、現状雇用している人材が物静かで慎重な考え方の人材で、あなたの好みの人材は、〝ノリよく明るいタイプでプラス思考の人材〟である場合、物静かな性格をノリのよい明るい性格にするのは無理がありますが、物事を前向きに捉えられる考え方、ピンチをチャンスに変えるような考え方を身につけてもらうことは可能なのです。

既存人材の考え方をあなたの理想の人材の考え方に近づけてもらうことで、あなたの仕事は非常にやりやすくなります。ただ、何事も強制はいけません。あなたの考えを押しつけることにより人材が育つスピードは鈍りますし、場合によってはパワハラととられる可能性さえあります。ですから無理のない範囲で、十分なコミュニケーションをとりつつ進める必要があります。これは小規模企業だからこそ実現できる手法なのです。

また、新規に雇用する場合は、あらかじめあなたの理想の人材を明確にしておき、それに見合った人材を採用してください。その採用面接では、「当社の理想人材は○○です。あなたはいかがでしょうか？」と求職者に伝えてしまって構わないでしょう。それくらいストレートに伝えた方がミスマッチは少なくなります。

当社は、採用面接の際、当社の理想人材を何項目かに分けて伝えています。その内容を訊いて辞退された方もいらっしゃると思いますが、当社の理想人材を面接時に伝えておくことによって、人材からは「思っていた職場と違っていた」という感想はほとんどないと思います。ただ、「面接時に訊いてはいたがここまでとは……」というのはあるのかもしれませんが。

当項の見出しに〝後継者〟とありましたが、後継者にとって理想的な人材とはどのようなことでしょうか。

たとえば、社長（父：65歳）、専務（息子：38歳）という組織の場合、社内のナンバー2というより、次期社長である専務にとっての右腕・片腕となる人材を育成しなくてはなりません。後継者にとって理想の人材を育成しなくてはならないのです。ただ、この場合、専務である後継者自身が、次期経営トップという立ち位置をどれくらい理解しているのかが重要です。

次期経営トップという認識ができていない状態で「カンタンすぎる人事評価制度」を後継者に策定させるのはあまりお勧めできません。次期後継者として経営トップの苦労や責任を十分に理解しているのであれば構いませんが、その理解が薄い場合、時期尚早と言えます。

6 自社の課題と向き合うことができる

あなたの会社・事業の課題は何でしょうか？

解決したい課題や問題は何ですか？

どのような人、組織でも解決すべき課題・問題は必ず存在します。要はその大きさなのですが、昨今の社会情勢からは、組織には大きな課題・問題が横たわっていることが推察されます。それを「カンタンすぎる人事評価制度」で解決するのです。

実は、この考え方は私の専門であるマネジメントシステムから引用しています。マネジメントシステムでは、さまざまな規格がありますが、最初に決定することは、この解決すべき課題の明確化なのです。

自社の品質を向上させ顧客満足を獲得するための品質マネジメントシステムにおいても、1987年に新規発行されてから30年が経過した2015年に改定が行われた際、この自社の解決すべき課題の明確化が、一番に要求されたことなのです。

正直、多くの企業では解決すべき課題・問題が慢性化しており、結果的に放置されている状況ではないでしょうか。私はそのような企業を数多くみてきました。今でも数多く遭遇しておりります。どうかこの企業が解決すべき課題・問題を放置しないでいただきたい。当たり前だと思わないでください。しょうがないと諦めないでください。

企業が自社の解決すべき課題・問題に正面から向き合うことで、より一層、企業を成長させることができますし、改善もできます。

「カンタンすぎる人事評価制度」では、この自社が解決すべき課題・問題を人材の個人目標まで落とし込み管理していきます。特に小規模企業に於いて、このような取り組みをしている企業は稀ですから、圧倒的な「差」をつけることが可能でしょう。もうこれは実施した者勝ちなのです。

この自社が解決すべき課題・問題は、内部の課題と外部の課題に分けることができます。

新商品開発や人材育成などは内部的要因のため、内部の課題と言えますが、今年流行した新型コロナウイルスの影響による売り上げ減少は外部的要因のため、外部の課題と言えます。しかし、外部的要因だからと言って諦めるのではなく、外部的要因だからこそ、自社が取り組む解決すべき課題のテーマとして対応すべきなのです。

たとえば、新型コロナウイルスの影響で飲食店は多大な影響を受けました。これはまさに外部的要因です。しかし、このままでは、今後、このような不測の事態が発生した場合に持ちこたえられるのでしょうか。それに備えて、通販事業などを始めることが外部の課題を解決することになります。

また、伝統工芸なども近年、需要が減ったことにより、業界全体の収入も減っています。これも外部的要因です。加えて、後継者不足という内部的要因もあります。このまま静観していて良いのでしょうか。解決するための活動はできないのでしょうか。もちろん一人の力は限られており、できることも限られます。それでも業界を動かすことができるかもしれませんし、たった一人の活動であっても解決できるかもしれません。そのためには、伝統工芸事業者こそ「カンタンすぎる人事評価制度」を導入され、人材育成、目的達成を成し遂げていただきたい。

「カンタンすぎる人事評価制度」は、自社の解決すべき課題・問題を明確にしたうえで、その課題・問題と向き合い人材育成につなげ、組織の目的を達成させるためのツールなのです。

7 「裸の王様化」した社長は導入してはいけない

人材育成を目的とした人事評価制度に興味を持ってくださる社長のなかでの存在確率は低いのですが、私がお付き合いしたくない社長は、ずばり「裸の王様社長」です。

「裸の王様社長」とは、ご自分の愚かさに気づいていない社長のことです。

・自分だけがエラいと思っている

・従業員をモノ扱いしている
・従業員をバカにしている
・他人を騙す、嘘をつく
・外部の業者・他人にケチである

などといった特徴があります。私が決してお付き合いしたくない社長です。

なぜ、このような「裸の王様社長」は、「カンタンすぎる人事評価制度」を導入してはいけないのか？

「カンタンすぎる人事評価制度」は、社長の会社への思い、人材への思い、顧客への思いを込めて策定するのです。しかし、「裸の王様社長」が込める思いは次のようになります。

・会社への思い：会社は私のものだから私がどうしようと勝手だ
　経営が面倒くさくなったら売ってしまえばいい
　会社は私のためにある
・人材への思い：従業員は私のためにさぼらずに働け
　従業員の代わりなどたくさんいる
　従業員はロクな奴が居ない

・顧客への思い：当社は既に顧客満足を得ている
顧客は金づるだ

こんな思いを込められた人事評価制度など誰が運用したいでしょうか。

たとえば、「裸の王様社長」の人材への思いである〝従業員の代わりなどたくさんいる〟を基に「人事評価表」を策定した場合、人材を育成しようとするどころか、ひたすら働かせることだけを評価項目と評価基準にしてしまう可能性があります。

ただ、「カンタンすぎる人事評価制度」は、このようなあまり褒められない人格の「裸の王様社長」でさえも導入できてしまうからリスクなのです。なんといっても1日で完成できますので。「裸の王様社長」が「カンタンすぎる人事評価制度」をブラック企業構築のためのツールとして導入する可能性があるので注意が必要なのです。

だから、この本が「裸の王様社長」の目に留まらないことを祈ります。ただ当項の冒頭にも書きましたが、「裸の王様社長」は、人事制度・人事評価制度、人材育成などのフレーズに反応しない場合が多いので、少し安心です。

また「裸の王様社長」は、顧客満足を非常に気にされる方が多いのが特徴です。ただ、顧客満足の前に従業員満足が必要です。そもそも、顧客満足とは、「素晴らしい」「エクセレント」を意味することではなく「不満が無い状態」なのですが、それさえも理解していない「裸の王様社長」は、「自社は顧客から素晴らしい評価を得ている」と自慢気に語られる場合がありま す。そしてそのような「裸の王様社長」に限って、従業員満足には非常に無頓着なのです。

従業員満足も顧客満足同様、「当社って素晴らしい！」を意味することではなく、「自社に不満が無いこと」でいいのです。私見を加えると「自社に少し不満があるくらい」でも従業員満足を得ていると判断できると思います。従業員からそのような評価さえ受けていないにもかかわらず「顧客満足」を唱えている「裸の王様社長」には、ほとほと手を焼いてきました。

「裸の王様社長」は、「顧客自己満足」に浸っている社長のことを表現したフレーズです。「これをすれば顧客は喜ぶだろう」という勝手な判断のもと、実際に顧客が喜んでいるかわからないのに、悦に浸っている社長のことです。あなたは絶対に「裸の王様社長」にはならないでくださいね。

8 運用するための仕組みである

「カンタンすぎる人事評価制度」は、単なる人事評価制度ではなく、仕組み（システム）です。

だからこそ、策定してオシマイではなく、ＰＤＣＡを廻して運用してこそ価値があるのです。

番号	評価項目	配点			
1-①	自社の存在価値評価項目①	5	3	1	
1-②	自社の存在価値評価項目②	5	3	1	
2-①	３年後の到達点評価項目①	5	3	1	
2-②	３年後の到達点評価項目②	5	3	1	
3-①	会社の理想人材評価項目①	5	3	1	
3-②	会社の理想人材評価項目②	5	3	1	
4-①	業務姿勢評価項目①	5	3	1	
4-②	業務姿勢評価項目②	5	3	1	
5-①	解決すべき課題：目標達成評価項目	10	6	2	0

合計点の最高は50点、最低は8点
総合評価：S＝42点以上、A＝34～41点、B＝26～33点、C＝18～25点、D＝17点以下

「カンタンすぎる人事評価制度」の評価項目は9項目です。

この評価項目数について、「少なくないですか？」と質問を受けることがありますが、決して少なくありません。私は一般的な人事評価制度の構築指導の際は、12個～16個の評価項目を策定します。また、他にも50項目で策定した場合があるのですが、どんなに評価項目数を多くしたところで漏れがあるのです。であれば、できるだけシンプルにすべく9項目と設定しました。実際、「カンタンすぎる人事評価制度」でも企業の希望で最高17項目ほどで策定した場合もありますが、いずれの企業も翌年からは正規の9項目に戻されています。運用がしやすいという理由で。

一般的な人事評価制度の場合、策定してそのまま放置することになります。たとえば、2021年1月から運用する人事評価制度が完成し、2020年12月に社内に周知したとしましょう。その後、「じゃあ、1年間、最高評価を獲得できるようにがんばってねぇ～」と、1年間ほったらかしの企業が多いのです。

1年後の2021年12月末になって、「残念！　あなたは最低のD評価です」では、いくら何でも悲しすぎます。これでは「仕組み」とは言えません。

そもそも、ほったらかしておいて最高の「S」評価を獲得できる人材など、ほとんど存在しないことを理解すべきです。

では、どうするのか？

普通の人材が、最高の「S」評価、良い「A」評価を獲得できるように管理していただきたい。しかも、その管理はものすごく簡単なのです。特に従業員数の小規模企業においてはほとんど負担になりません。

人材が高評価を獲得するには、次の過程があります。

人材の技量・能力・力量が向上した（育成された）

↓

人材が向上した能力を発揮した

↓
人材が成果を出すために努力した
↓
人材が成果を出した

「カンタンすぎる人事評価制度」では、人材が高評価を獲得するための管理を実施する帳票も用意していますが（「高評価獲得シート」）、この管理はどのような帳票を使用しても可能なので、ぜひ実施してください。

具体的な管理方法は、後に説明しますが、早い話、各評価項目の最高点数を獲得するためのPDCAを廻していくのです。その進捗状況を管理するために3か月に一度、面接を実施します。

Aは、「Act（処置・改善）」です。進捗管理（C：Check（検証））することにより「A：Act（処置・改善）」に繋がりますので、3か月に一度（＝年4回）、面接による進捗管理を実施するということは、改善の機会が1年間ほったらかしの場合に比べて、4倍になるのです（毎月面接できれば12倍）。これは、もうやらなくては絶対に損ですね。

9 「カンタンすぎる人事評価制度セミナー」に、延べ800名以上参加

当社が2018年9月から月1～3回のペースで開催している社長向けの「カンタンすぎる人事評価制度セミナー」は、2021年1月現在までに55回開催し、約800名の方にご出席いただいています。うち半数ほどの会場では、満席の申し込みをいただいています。

一度でもセミナーを自主開催された方であれば、ご理解いただけると思いますが、セミナーにご出席いただく人数を集めることは非常に困難なのです。そんな中、2年以上毎月1～3回セミナーを開催してコンスタントに出席者を集めているセミナーは稀だと思います。ただ、さすがに新型コロナウイルスの影響で一時期はセミナー開催を中止していましたが。

最近では、同業者（人事コンサル、社会保険労務士、中小企業診断士）の方々から「どうしたらそんなに安定して集客できるのですか？」との質問をいただく機会も多いです。

当セミナーのご出席者のうち約90％が社長です。社長以外の経営層、管理者層を含めると、95％以上となります。これは、それだけ人材のことで悩んでいる社長さんが多いという証拠でしょう。

原則、当セミナーで講師を務める者は、私を含めて経営者経験、人材雇用経験がある講師で

す。

あなたが社長・事業主の場合、組織を経営したことのない・人材を雇用したことのない者が講師を務める人事評価制度セミナーを受講したいですか？　言い方を変えると、自ら組織を経営して苦労をしたことがない・人材を雇用して大変な思いをしたことがない講師から習いたいでしょうか？　人材育成・活用の喜びを経験したことがない講師から人材育成についてのレクチャーを受けたくないですよね？

だからこそ、当セミナーは完全に経営者目線でセミナーを進めるため、経営者以外の方が受講されると、違和感を覚えるというか、場合によっては反感すら持たれてしまいます。出席者に違和感・反感を持たれるのは本望ではないので、参加者募集の際、社長向けセミナーであることを十分に告知しています。その中でも、一部、社長以外の方もご出席されますので、セミナー開催時には最初に謝ってしまいます。「当セミナーは完全に経営者目線で話しますので、お気を悪くされたら申し訳ない」と。

ただ、経営者でなくても、経営者目線を備えている方は少なからずいらっしゃいます。そのような方であれば、セミナーにお越しただくことも大歓迎なのです。

これまた余談ですが、社長であるあなたが「この人材は見所がある」と感じた人材に当セミナーを受講させて感想を聞いてみてください。当セミナーの内容を咀嚼できたのであれば確かに「見どころのある人材」と言えるでしょう（笑）。

10 「カンタンすぎる人事評価制度」は、経営者目線の制度

「カンタンすぎる人事評価制度」は、「カンタンすぎる人事評価制度セミナー」と同様、100％経営者目線の人事評価制度です。だからこそ、自社への思い・人材への思い・顧客への思いがある経営者に限ってご活用いただきたい。「裸の王様社長」には、使っていただきたくないのです。

〝経営者目線〟というのは、人材に対して単に優しい・甘いものではなく、組織全体や人材のことを考え、言うべきことは言い・厳しくすべきことには厳しく、そのうえで人材を守る姿勢が必要となるのです。

組織において最終責任のない多くの方は、自分が嫌われたくないので、人材に厳しくしきれません。所詮、「自分ごと」ではなく「他人ごと」なのです。その点、オーナー社長・事業主は自組織の人材のことは「自分ごと」なのです。だからこそ、一部の「裸の王様社長」以外は、真剣に自社のこと、人材のことを考えることができるため、「カンタンすぎる人事評価制度」が活きてくるのです。

「カンタンすぎる人事評価制度」は、評価される人材側からみると、厳しい仕組みのように映

るかもしれません。いや、評価する側の組織としても。なぜなら、評価される人材としても、評価する組織としても一切、言い訳が効かないからです。

評価される人材側としても、評価基準が明確に示されているので、やるべきことができなかった場合の言い訳ができないのです。

評価する組織側としても、好き嫌いや主観で人材を評価できないのです。「○○ができたら最高評価をつけますね」とコミットメントするのですから。

余談ですが、〝コミットメント〟は、約束よりも強い、「誓い」に近い意味です。R社が世間に一気に広めてくれましたが（コミット）、私たちマネジメントシステムの専門家としては、ISO9001の2000年版改定時に「経営者のコミットメント」という要求事項があり、それ以来、浸透している文言です。

以上、働く人材としても組織としても言い訳の一切効かない人事評価制度、「カンタンすぎる人事評価制度」ですが、この仕組みの運用を通じて人材自身の価値を上げることができるのです。その果実は、企業にとっても重要ですが、人材自身にとっても非常に重要なものとなるのです。

第4章
「カンタンすぎる人事評価制度」の策定ステップ

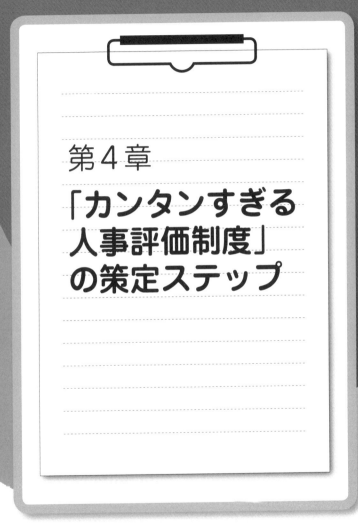

【カンタンすぎる人事評価制度　評価項目と配点】

1自社存在価値（自社品質）評価項目		達成度配点			
1-①		5	3	1	
1-②		5	3	1	
2 3年後の到達点評価項目		達成度配点			
2-①		5	3	1	
2-②		5	3	1	
3会社・社長の理想人材評価項目		達成度配点			
3-①		5	3	1	
3-②		5	3	1	
4業務姿勢育成評価項目		達成度配点			
4-①		5	3	1	
4-②		5	3	1	
5解決すべき課題～個人目標評価項目		達成度配点			
5-①		10	6	2	0

合計点の最高は50点、最低は8点

総合評価：S = 42点以上、A = 34～41点、B = 26～33点、C = 18～25点、D = 17点以下　※点数の層別は、組織により変動してもよい

1 評価項目

3章でお伝えしたとおり、「カンタンすぎる人事評価制度」の評価項目は9項目、50点満点です。

評価項目数は、最大17項目にすることも可能です。その場合、「5解決すべき課題～個人目標評価項目」以外の8項目を倍の16項目にすれば良いのです。そして、達成度配点を半分にします（2.5点、1.5点、0.5点）。ただ、正直お勧めできません。実際、私の指導先で評価項目を増やした企業もありましたが、翌年からは9項目に戻されています。

【決定事項1】

当社が達成すべき目的とは？

やはり人事評価制度はシンプルが一番ですから。

2 策定ステップ 0

①「カンタンすぎる人事評価制度」策定の目的を明確にする

この本でさんざんお伝えしていることは、「カンタンすぎる人事評価制度」は、組織の目的達成のためのツールであること。

であるなら、その策定にあたり、最初に考えることは、**当社が達成すべき目的を決定すること**です。どうか、あなたの会社が達成すべき目的をまず最初に、具体的に決定してください。これがブレていると良い「評価表」が完成しません。

②「評価表」を何種類策定するのか決定する

通常、評価表は部署ごとに作成します。小規模企業の場合

【決定事項2】

<table><tr><td>「評価表」を何種類作成するのか？</td></tr><tr><td>作成枚数：　　種類

作成部署：＿＿＿＿、＿＿＿＿、＿＿＿＿、＿＿＿＿</td></tr></table>

は、一種類の「評価表」で事足りることもありますが、仮にあなたの会社に「総務部」「営業部」「製造部」の3つの部署がある場合、3枚の「評価表」の作成が必要です。

もし、職能等級を導入するのであれば同じ部署でも上位等級と下位等級で「評価表」を分けることも検討してください。ただ、従業員数20名以下の小規模企業で職能等級が必要な場合は少ないでしょう（職能等級については、2章を参照）。

③「人事評価」というテーマで、キーワードの洗い出し

「人事評価制度」ときいて、直感的に思い浮かぶキーワードを書きだしてみてください。

たとえば、マナー、5S（整理・整頓・清掃・清潔・しつけ）、意欲、ひたむきさ、がんばり、こつこつ、……など一般的な言葉で構いません。

次に、自社特有の評価の指標となりそうなキーワードを書き出してみてください。

【決定事項３】

「人事評価制」と聴いて直感的に思い浮かぶキーワード
自社と特有の評価の指標となりそうなキーワード

たとえば、歩留まり、不良率、クレーム数、改善提案、事故率、実行予算、ルール遵守、残業時間など。

これらのキーワードは、具体的にどのように使うというわけではないのですが、評価項目の策定に詰まった場合に眺めてみるとヒントになることがありますので、事前の書き出しをお勧めします。

④策定ステップ１以降の文言、フレーズの明確化に行きづまったら

「カンタンすぎる人事評価制度」の評価表づくりでは、さまざまなことを明確化していきますが、その過程で行きづまってしまったときには、**「と、いうことは？（＝とは？）」**と

考えてください。

たとえば、「自社の品質は？」という問いに対しての例を挙げてみます。

例）菓子製造業の場合（と、言うことは？　＝とは？）

自社の品質＝「高品質で美味しいお菓子を製造すること」

高品質とは？……子供からお年寄りまで安心して食べられること

美味しいとは？……お客様の嗜好に合っていること

安心とは？……万全な衛生管理の下、製造されること

以上をまとめると……

自社の存在価値＝万全な衛生管理の下、お子様からお年寄りの嗜好に合ったお菓子を提供すること

⑤評価項目が重複した場合

「カンタンすぎる人事評価制度」の「評価表」の評価項目は9項目ですが、その9項目を5つのアプローチから決定していきます（策定ステップ1～5）。その結果、入り口であるアプローチが異なったとしても評価項目が同じになる場合があります。私が、企業に指導に入る場合は、あえて重複しないような導き方をするので評価項目が重複することはほとんどありませんが、

社内だけで「評価表」を策定する場合は、評価項目が重複することがあります。しかし、それが間違っているとはいえません。

なぜなら評価項目が重複するということは、それだけ重要な評価項目だということになりますので、評価項目の重複は構わないのです。ただ、重複は２つまでにしてください。

⑥ 労働基準法違反とならない「評価表」を策定する

私自身、今まで膨大な数えきれないほどの「評価表」を確認してきましたが、残念ながら、法令に抵触している「評価表」が散見されます。

たとえば、労働関係法や社会通念上、評価の対象とすべきではない評価項目、「就業規則」との関係から二重懲戒の可能性となる評価項目などです。

「人事評価制度コンサルタント＝社会保険労務士」とは限りませんが、少なくとも社会保険労務士さんが「人事評価表」の策定に加わるのであれば、労働基準法に抵触する評価項目、「就業規則」との整合性に欠ける評価項目の策定はかなりの確率で低減できると思います。

社長を始めとした社内だけで「人事評価表」を策定する場合は、社会保険労務士からアドバイスを受けることをお勧めします。

小規模企業で社会保険労務士とのお付き合いが無い場合は、私に直接ご質問いただくことも可能です。できるかぎり返答させていただきます。

3 策定ステップ1：自社の存在価値評価項目・評価基準の策定

まずは、どの部署の「評価表」を策定するのか決定してください。「カンタンすぎる人事評価制度」の策定に於いて一番時間をかけて実施するのが、この策定ステップ1なのです。

一枚目の「評価表」を策定する場合、この策定ステップ1だけで2時間ほど費やします。それほど重要なのです。

私が、あらゆる業種の企業に20年以上1、300回以上のマネジメントシステム審査を実施してきて、毎度かならず、「御社の品質は何ですか？」と質問することを前述しましたが、その質問こそが策定ステップ1となるのです。

〝御社の品質〟こそが、「御社の存在価値」なのです。ですから、「御社の品質は何ですか？」とは、「御社の存在価値を、社長としてどのように理解していますか？」という質問なのです。

あなたは、自社の存在価値を言語化できますか？

これは、簡単なようでなかなか難しいことです。特に自社、従業員、顧客への「思い」がないと良い回答が出せません。

「カンタンすぎる人事評価制度」は、自社、従業員および顧客への「思い」がない「裸の王様社長」では、策定できません。「裸の王様社長」の場合、この策定ステップ1で早くも躓いてしまうからです。ここで躓く「裸の王様社長」は、自分勝手・自分本位に自社の存在価値を決定してしまうので、そのような人事評価制度になってしまいます。たとえば、「従業員は馬車馬のように会社のために働け」という「思い」を持っていると、従業員を馬車馬のごとくこき使うための人事評価制度となってしまうのです。

①「自社の品質」「自社の存在価値」を明確にする

では、実際の手順を説明しましょう。

「自社の品質」とは、**自社が一般的に提供しているモノ・コト**と置き換えてみましょう。

たとえば、製造業で考えると、「**高品質、低価格、短納期**」でしょうか。

でもこれでは、その他の製造業と変わりはありません。あくまで一般的に提供しているモノ・コトですね。

そこで、一歩進んだ考え方として、

・優良な製造業が提供しているモノ・コトは？

・他社にはない当社の存在価値は？

と考えてみるのです。そうしますと、製造業の例として「**高品質、低価格、短納期はもちろん、小ロット、多品種対応**」であることに気づき、自社の存在価値は「小ロット、多品種対応」だとなるのです。

【策定ステップ1-①：自社の品質・存在価値】

自社の品質・存在価値

これが、「自社の品質・存在価値」を明確にする、一つ目のアプローチです。

二つ目のアプローチとしては、漠然としてでも抽象的でも良いので「自社の品質」を明確にして、それを〝と、いうことは？〟で掘り下げていくアプローチです。前項の菓子製造業の例の場合、「自社の品質」は、「高品質で美味しいお菓子を製造すること」でしたが、それを掘り下げた結果、「万全な衛生管理の下、お子様からお年寄りの嗜好に合ったお菓子を提供すること」となったのです。

ちなみに、「自社の品質」、「自社の存在価値」は、主語があくまで〝自社〟ですから、自社内であれば、部署が異なっても同一です。

また、当社の存在価値を決める際、参考になるのは「社是」「社訓」「経営方針」「品質方針」「クレド」などです。ただ、これらは形骸化しており、真の意味が理解されていない場合がありますので、これを機会に真の意味を探ってみてください。また、これを機会にこれらの「社是」など

【策定ステップ-1-②：自社の品質・存在価値を実現させる人材像】

自社の品質・存在価値を実現させる人材像

が不要であれば捨てても構いません。

②「自社の品質」「自社の存在価値」を実現させるのに必要な人材像を明確にする

「自社の品質」「自社の存在価値」を継続的に実現させるには、どのような人材が必要でしょうか？

〝品質〟や〝自社の存在価値〟を継続的に実現させる「技術・知識・能力」「心構え」「日々の仕事に取り組む姿勢」「日々の具体的な行動」を思い浮かべて考えてみましょう。

これは、部署によって必要な人材像が異なることが一般的です。

③人材が身につけるべき能力を明確にする

②で明らかにした人材像である人材は具体的にどのような技量・能力・力量・知識を身につければ良いのでしょうか？　それを具体的に明確にするのです。「自社の品質」「自社の存在価値」を実現させるための人材像が部署により異

【策定ステップ-1-③：自社の品質・存在価値を実現させる人材が身につけるべき能力】

自社の品質・存在価値を実現させる人材が身につけるべき能力

なるのであれば、人材が身につけるべき技術・知識・能力も異なります。

④ 人材の能力が発揮されたことの評価項目と評価基準を策定する

次に、人材が身に付けた技術・知識・能力（ポテンシャル）が、発揮されたかどうかを評価できる項目を策定しなくてはなりません。いくら高度なポテンシャルを持っていたとしても発揮されなければ意味がありませんので。

・身につけている技術・知識・能力が発揮されるとどのような良いことがあるのか？
・身につけている技術・知識・能力が発揮されないとどのような問題が起こるのか？

この2つの問いを心がけておくことで評価項目を思いつくことができます。

評価項目が策定できたら、次は、評価基準の策定です。

【策定ステップ - 1 - ④：自社の品質・存在価値の評価項目と評価基準】

自社の品質・存在価値の評価項目1
自社の品質・存在価値の基準1
5点＝__________ 3点＝__________ 1点＝__________
自社の品質・存在価値の評価項目2
自社の品質・存在価値の基準2
5点＝__________ 3点＝__________ 1点＝__________

各評価項目は9項目中、策定ステップ1から策定ステップ4で各2項目合計8項目あり、5点、3点、1点の三段階で評価しますので、評価基準も三段階必要です。何ができれば最高の5点が獲得でき、何ができなければ最低の1点になってしまうのかをあらかじめ確定しておくのです。

以上で、策定ステップ1の自社の存在価値評価項目・評価基準の策定ができたことになります。各ステップで当ステップが一番難関です。逆にこのステップをクリアすれば、あとはスムーズに進むでしょう。

4 策定ステップ2：3年後の到達点値評価項目・評価基準の策定

①「3年後の自社の立ち位置」を明確にする

ここでは、3年後に自社をどのようにしておきたいのかを明確にします。

・3年後の売り上げは？
・3年後の利益は？

【策定ステップ２-①：３年後の自社の立ち位置】

３年後の自社の立ち位置

・３年後の従業員数は？
・３年後の主力製品は？（主力サービスは？）
・３年後の自社の業界や社会での立ち位置は？

などが考えられます。他にも本社の移転や社有車の台数など、その組織・社長独自の３年後の自社の姿があるかもしれません。それを文字にするのです。この「３年後の自社の立ち位置」は、全部署共通となります。

ここでの注意点は、できるだけ具体的にすることです。

また、その内容をみた従業員がイメージできることです。ステップ０では、〝**当社が達成すべき目的**〟を明確にしましたが、その内容ともリンクする可能性が高いですね。

②「３年後の自社の立ち位置」を実現させるために必要な人材像を明確にする

「３年後の自社の立ち位置」を実現させるにはどのような人材が必要なのかを明確にしなくてはなりません。ここで一つ確認しておきたいことがあります。あなたの会社は

【策定ステップ2-②：自社の3年後の立ち位置を実現させる人材像】

自社の3年後の立ち位置を実現させる人材像

「3年後の自社の立ち位置」を実現するにあたり、次のどちらに当てはまるでしょうか？

パターン1：組織の現状を維持したまま、その延長線上で実現する

パターン2：組織の現状を改革し、新たに実現する

ほとんどの場合、〝パターン1〟の現状維持しながら3年後の立ち位置を実現することだと思います。そのために必要な人材像とは、次の二種類の人材です。

・現状を維持しながら改善していく人材
・新しいことに挑戦できる人材

〝パターン2〟の組織の現状を改革したうえで3年後の立ち位置を実現するのであれば、次の人材が必要です。

・現状を改革する人材
・新しいことに挑戦できる人材

この二つのパターンは似ているようで大きく異なってい

【策定ステップ2-③：自社の3年後の立ち位置を実現させる人材が身につけるべき能力】

自社の3年後の立ち位置を実現させる人材が身につけるべき能力

ます。特に〝パターン2〟の〝現状を改革する〟ということは大変なことであり、既存人材はなかなかやりたがらない傾向にあります。

本来、人は面倒くさがりで、新しいことに取り組むのは苦手なのです。「このまま」が良いのです。既存の取り組みではない新しい取り組みを導入することには対応できたとしても、既存の取り組み内容を変えていくことは組織内の他の人材からも抵抗を受けることから難易度が高く、やりたがる人材はほとんどいないでしょう。

以上のことを踏まえて「3年後の自社の立ち位置」を実現するための人材像を明確にしてください。

③ 人材が身につけるべき能力を明確にする

「自社の3年後の立ち位置」を実現させる人材像を明確にしました。では、そのような人材は具体的にどのような技術・知識・能力を身につければ良いのでしょうか？ それをなるべく具体的に明確にしましょう。この人材が身につけるべき技術・知識・能力も部署により異なります。

④人材の能力が発揮されたことの評価項目と評価基準を策定する

ステップ1同様、身に付けている技術・知識・能力が発揮されたことを評価できる項目を策定しなくてはなりません。いくら高度な技術・知識・能力を身につけていたとしても発揮されなければ意味がありませんので。

この評価項目策定の大きなヒントは、「自社の品質」評価項目と同様、次のことです。

・身につけている技術・知識・能力が発揮されるとどのような良いことがあるのか？
・身につけている技術・知識・能力が発揮されないとどのような問題が起こるのか？

評価項目が策定できたら、次は評価基準の策定です。これもステップ1と同じ考え方です。評価項目（要素）と評価基準（基準）は、常にセットで考えるようにしてください。

以上で、ステップ2の3年後の到達点評価項目・評価基準の策定ができたことになります。

【策定ステップ2-④：自社の3年後の立ち位置の評価項目と評価基準】

自社の3年後の立ち位置の評価項目1
自社の3年後の立ち位置の基準1
5点＝＿＿＿＿＿＿＿＿ 3点＝＿＿＿＿＿＿＿＿ 1点＝＿＿＿＿＿＿＿＿
自社の3年後の立ち位置の評価項目2
自社の3年後の立ち位置の基準2
5点＝＿＿＿＿＿＿＿＿ 3点＝＿＿＿＿＿＿＿＿ 1点＝＿＿＿＿＿＿＿＿

5 策定ステップ3：会社の理想人材評価項目・評価基準の策定

①「会社・社長にとっての理想の人材」を明確にする

会社にとって必要な人材、理想の人材はどのような人材でしょうか。

・部署、人材の管理能力に長けた人材
・「0」を「1」にする発想の持ち主
・決められたことを正確に実施できる人材
・人材育成能力に長けた人材
・企画力に長けた人材
・強力なリーダーシップの持ち主

社長にとって必要な人材、魅力的な人材、社長をサポートできる人材とはどのような人材でしょうか。

・自分に厳しい人材
・社長と正反対の性格の人材
・数字に強い人材
・一緒に夢を語れる人材

【策定ステップ3-①：会社・社長にとっての理想的な人材像】

会社・社長にとっての理想的な人材像

・妥協を許さない人材
・強靭な精神力の持ち主（打たれ強い人材）

このように会社にとって、社長にとっての理想的な人材像を明確にしてください。この人材像は部署により異なることが多いです。

社長に「どのような人材が欲しいですか？」と質問すると一番多い回答というか、もうＪＩＳ化しても良いくらい返ってくる回答が、**経営者目線を持った人材**です。

これは、社長であればだれでも思うことなのでしょうが、そもそも「経営者目線」とはどのようなことなのでしょうか？そこをもう少し具体的に表現しないと良い評価項目が策定できません。

「経営者目線を持った人材」とは、会社で起こるさまざまなことを「他人ごと」ではなく、「自分ごと」として捉えられることができる人材のことです。たとえば、カラーコピー。モノクロの原稿を、コピー機の設定を変えずにカラー設定のままコピー・印刷してしまうことについてです。

【策定ステップ3-②：会社・社長にとっての理想的な人材像の考え方】

会社・社長にとっての理想的な人材像の考え方

一般的にカラーコピーの印刷単価はモノクロの5倍〜10倍ほどです。モノクロ原稿の文書であれば、モノクロ印刷で十分であり、カラー設定したところで何も良くなりません。ただ、費用は5倍〜10倍かかります。この過剰な費用を「自分が支払う立場だったら」と「自分ごと」に置き換えらえる人材こそが「経営者目線」ということになります。

身近な例を出しましたが、この「経営者目線」は、日々の事業活動で頻繁に必要とされます。

②「会社・社長にとっての理想の人材」の考え方を明確にする

「会社・社長にとっての理想の人材」はどのような考え方をするのでしょうか。真っ先に思い浮かぶのは「組織で起こることすべては自分ごとと捉える考え方」ですが、さらに掘り下げてできるだけ具体的な表現を心がけてください。

③ 人材の考え方が発揮されたことの評価項目と評価基準を策定する

「会社・社長にとっての理想の人材」はどのような考え方をすべきかを明確にして、その考え方はどのような良いことに結びつくのか？　また、その考え方ができない場合にどのような悪いことに結びついてしまうのか？　を評価項目として表現してください。これも一項目必要です。

評価項目が策定できたら、次は、評価基準の策定です。これも「自社の品質」評価項目と同じ考え方です。

以上で、ステップ３の会社の理想人材評価項目・評価基準の策定ができたことになります。

以上、策定ステップ１、２、３の評価項目と評価基準は、原則、部署によって異なることを理解しておいてください。次のステップ４は、部署に関係なく全社共通項目となる可能性が高いです。

【策定ステップ3-③：会社の理想人材の評価項目と評価基準】

会社の理想人材の評価項目1
会社の理想人材の基準1
5点＝＿＿＿＿＿＿＿＿ 3点＝＿＿＿＿＿＿＿＿ 1点＝＿＿＿＿＿＿＿＿
会社の理想人材の評価項目2
会社の理想人材の基準2
5点＝＿＿＿＿＿＿＿＿ 3点＝＿＿＿＿＿＿＿＿ 1点＝＿＿＿＿＿＿＿＿

6 策定ステップ4：業務姿勢評価項目・評価基準の策定

①「会社・社長にとっての理想の人材の業務姿勢」を明確にする

「業務姿勢」を、もう少し簡易な表現にすると「勤務態度」です。

「勤務態度」ときくと、あいさつや遅刻・欠勤の有無など社会人として当たり前の行動を評価することを想定してしまいますが、人事評価制度を導入しようとする企業ならば、もう一段高く意識を持っていただきたいという思いから「業務姿勢」としました。

この「業務姿勢」にもう一言付け加えると「前向きな業務姿勢」ということになります。要は、業務遂行における前向きな態度とはどのようなものかを評価項目と評価基準とするのです。

「前向きな業務姿勢」であることが「カンタンすぎる人事評価制度」の開発者である私の願いですが、人事評価制度を導入する企業の現状を反映した内容にしなくてはなりませんので、仮に社会人として当たり前の行動ができていない現状ならば、前向きな業務姿勢云々以前に、社会人として最低限の振る舞いを評価項目に挙げることになります。たとえば、無断欠勤をしてしまう従業員がいるのであれば、無断欠勤の回数を評価することになります。放置してはいけません。ぜひ、改めてもらわなくてはなりません。ただ無断欠勤を評価するのは懲戒との関係を考慮してください。

【策定ステップ4-①：業務姿勢の評価項目と評価基準】

業務姿勢の評価項目1
業務姿勢の基準1
5点＝ 3点＝ 1点＝
業務姿勢の評価項目2
業務姿勢の基準2
5点＝ 3点＝ 1点＝

7 策定ステップ5：解決すべき課題および個人目標達成評価項目・評価基準の策定

①「組織にとって解決すべき課題」を決定する

あなたの会社には、「解決すべき課題」はありますか？

まさか、「ない」という会社はあり得ないでしょうね。

事業運営していく中で「解決すべき課題」が「ない」と言い切る社長というのはいかがなものでしょうか？

すべての企業には何らかの「解決すべき課題」があるものです。

私は、マネジメントシステム審査を延べ1300回以上実施しており、その中にはさまざまな業種、さまざまな企業規模が含まれており、審査においては必ず経営トップ（通常は社長）に対しても審査を実施しています。そして、ここ数年、経営トップに必ず確認することは「御社の解決すべき課題は何ですか？」です。

企業がマネジメントシステムを運用するうえで最初にやらなくてはならないことは、「解決すべき課題」を明確にすることです。

次は、組織の「解決すべき課題」の例です。

【策定ステップ5-①：会社としての解決すべき課題】

会社としての解決すべき課題

・人手不足
・新商品・サービスの開発
・人材育成
・新規マーケットの開拓
・脆弱な財務体質

これらの会社としての「解決すべき課題」を明確にします。ちなみに〝課題〟には、二種類あることを理解してください。

[a]現状より悪い方向に向かうことを防ぐために解決すべき課題……リスク対応

[b]現状より良い方向に向かうために取り組むべき課題……機会の活用

たとえば、自社の顧客企業の事業縮小による売上げ減少に対する、「売上げ向上」という課題は[a]の「リスク対応」となります。

また、高機能な自社製品を今後一層販売していくための「売上げ向上」という課題は[b]の「機会の活用」となるので

【解決すべき課題例】

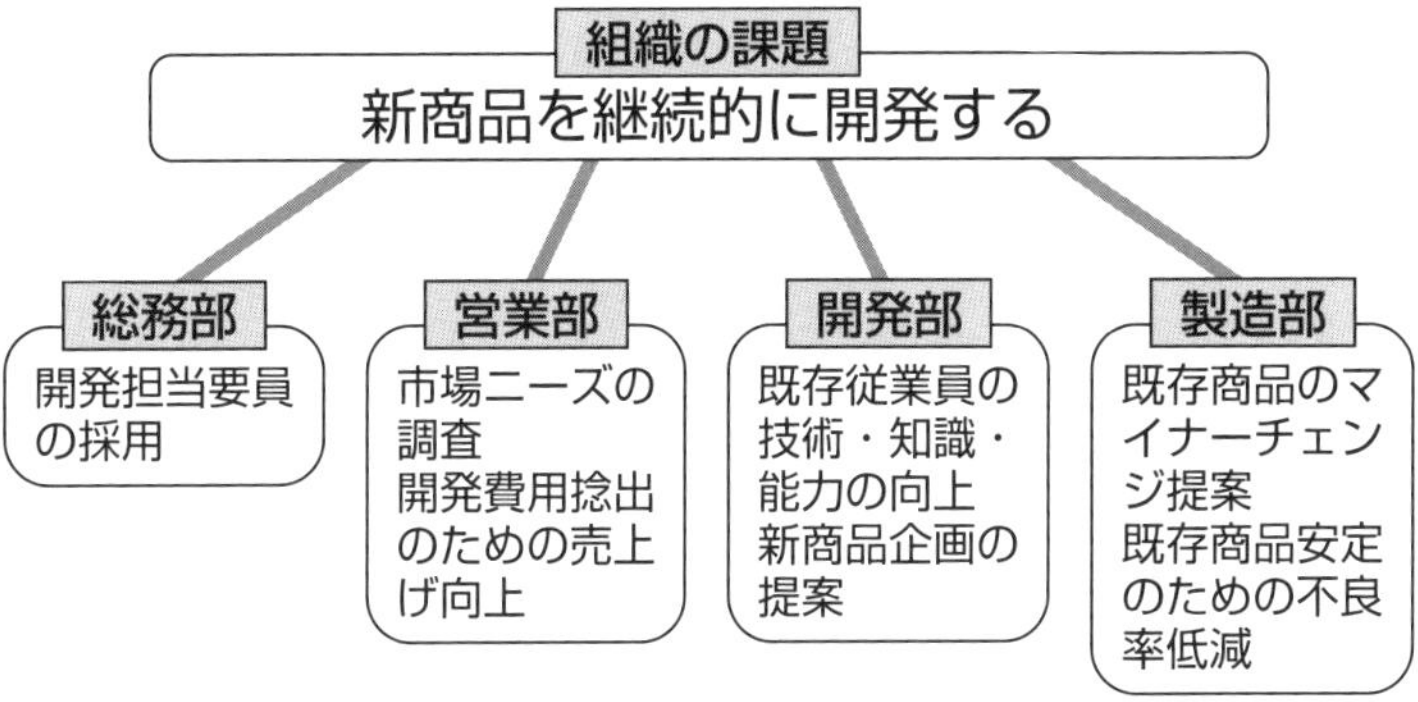
組織の課題
新商品を継続的に開発する
総務部
開発担当要員の採用
営業部
市場ニーズの調査
開発費用捻出のための売上げ向上
開発部
既存従業員の技術・知識・能力の向上
新商品企画の提案
製造部
既存商品のマイナーチェンジ提案
既存商品安定のための不良率低減

す。

これらの考え方は、マネジメントシステムにおける考え方でもあるので、別の機会に説明します。

②「組織にとって解決すべき課題」を解決するために「部署として解決すべき課題」を決定する

組織全体の課題を明確にした後、各部署にどのような解決すべき課題があるのかを決めてください。組織全体の課題を解決するためには、部署によって果たす役割が異なるので、対策も異なります。

ここでの注意点は、組織全体の課題を真正面から受け止める必要がない場合もあることです。

たとえば、組織全体の解決すべき課題が「新商品を継続的に開発する」だとします。それを受けて、営業部としての解決すべき課題を真正面から捉えると「市場ニーズの調査」ということになりますが、「新商品を継続的に開発するためにはどのようなことが必要なのか?」という着眼点を少しずらしてみると、「開発費用捻出のための売上げ向上」という考えに至ります。

③「部署として解決すべき課題」を解決するための「個人目標」を決定する

次は「部署としての解決すべき課題」を解決するための「個人目標」を策定します。

個人目標ときいてピンとこない方もいらっしゃるかもしれません。

「今の仕事で個人的な目標と言われても思いつかない」と。また、非生産部門である総務部や経理部における個人目標を思いつかないと仰る管理者もたまにいらっしゃいますが、果たしてそうなのでしょうか?

日々活動していて目標が見つからないというのであれば、それは「活動」とは言えません。マネジメントシステムの指導の際、「部門目標が思いつきません。どうしましょうか?」と質問される場合がありますが、私はその回答として、「では、今まで仕事上のミスは一回も発生しなかったのですね? そして、仕事のやり方や成果を改善したいと思ったことは一度もないのですね?」と厳しい口調で伝えます。

過去にミスが発生していれば、少なくともミス防止は目標になりますし、改善したいことがあればそれも目標になるのです。仮に言われたことだけしかやらないとしてもミスは発生しますし、改善も可能です。

【策定ステップ5-②：部署としての解決すべき課題】

部署としての解決すべき課題

【策定ステップ5-③：解決すべき課題および個人目標達成評価項目と評価基準】

解決すべき課題および個人目標達成の評価項目
業務姿勢の基準
10点＝________ 6点＝________ 2点＝________ 0点＝________

以上のことから必ず個人目標は設定可能なのです。

ちなみにステップ1～4の各項目（全8項目）の評価基準は三段階で5点満点でしたが、当ステップ5の個人目標は10点満点となります。

④ 算数ができますか？

ここまで説明したのは「目標管理」です。

この「目標管理」は、さして難しいことではないと思いますが、算数ができない会社も多いのが事実です。

たとえば、5人の人員で構成される営業部が存在したとしましょう。各営業部員であるAさん、Bさん、Cさん、Dさん、Eさんの目標がすべて達成すれば営業部の目標も達成して然りです。しかし、AさんからEさんすべての個人目標が達成しても営業部の目標が達成されないとなると、「算数ができない部署」ということになります。

管理職ならばこのようなことがないよう、部下の目標立案を検証してくださいね。

【カンタンすぎる人事評価表の評価項目】

	プロセス評価項目	成果評価項目
プラスの評価項目 ＋	売上を対前年比120%にするために月40件顧客を訪問する	売上を対前年比120%達成
マイナスの評価項目 －	顧客クレームを削減するために毎月顧客への聞き取りを実施する	顧客クレームを対前年比50%削減達成

8 「プロセス評価項目」と「成果評価項目」

人事評価制度は、成果だけを評価してはいけません。「カンタンすぎる人事評価制度」においても当然、「成果評価項目」と「プロセス評価項目」の二種類が必要です。

また、評価項目にはプラスとマイナスがあります。（上表を参照）

「成果評価項目」と「プロセス評価項目」の割合にルールはなく、過度に偏っていなければ問題はありませんが、せいぜい3：7くらいの割合に収めてください。

9 社長だからこそ策定できる

この「カンタンすぎる人事評価制度」を開発するまで、試行錯誤の連続でした。

私自身は人事制度・人事評価制度の指導経験は27年超、社会保険労務士としての30年近くの経験があり、専門家であると自負しています。しかし、「カンタンすぎる人事評価制度」の開発は、今までとはまったく異なる策定アプローチであり、今までの経験が役に立たなかったのです。「所詮、社長が1日で『人事評価表』を策定することなど無理なのか」と挫折しそうになったことは数知れず。それでも、中小企業の責任を一手に担っている社長こそが人事評価制度を策定するという発想は譲れません。しかし、中小企業の中で一番多忙を極めている社長に一番足りないものは時間です。既存の一般的な人事評価制度のように策定に半年から1年超もかけられません。かといって、AI・ITを活用すること前提の人事評価制度は、3か月ほどで完成できても（3か月でも十分長いですが）、社長の思いを反映することは難しく、なおかつ毎月の費用負担は莫大な固定費となります。他にもいろいろな人事評価制度がありますが、パッケージ化されたものが多く、果たしてそれで良いのかと。そして何よりも既存の一般的な人事評価制度は、人材の「評価」が目的となっており、「カンタンすぎる人事評価制度」のように「人材育成」や「組織の目的達成」のためのツールではありません。だからこそ、どうしても、社長が1日で策定できるような人事評価制度を策定したかったのです。

そんな局面で私を救ったのが、マネジメントシステムの知識でした。私は、人事制度・人事評価制度の専門家であると同時にマネジメントシステムの専門家です。マネジメントシステムの専門家とは、原因追究と、プロセス管理の専門家ということです。そして、私の脳みそに深く刻み込まれているのが「すべての問題に原因がある」「すべてのことに根拠がある（すべての事象に理由がある）」です。それから、何よりもPDCA。PDCAは、なんとなく理解している方も多いでしょうし、それで構わないと思うのですが、PDCAを廻して成果を出したいのであれば、適切なプロセス管理が必要です。単にPDCAだけ回しても成果は出ず、いかにプロセス管理を実行するのかがカギとなるのです。これらが「カンタンすぎる人事評価制度」開発の決め手となり、難航していた開発プロセスが一気に進みました。ですから、「カンタンすぎる人事評価制度」は、マネジメントシステムの着眼点で開発された仕組みなのです。

思えば、社会保険労務士・人事制度コンサルタントでマネジメントシステムの専門家という存在は私の認識では私以外に存在していないので「カンタンすぎる人事評価制度」のような毛色が異なる人事評価制度は今まで存在しなかったのでしょう。

また、私自身も人材を雇用する社長ですから、個人事業主・小規模企業社長・中小企業の社長の思いに立って策定しました。だからこそ、「カンタンすぎる人事評価制度」を組織が導入する場合には、社長こそが中心となり策定していただきたいのです。

10 「カンタンすぎる人事評価制度」の〝カンタン〟とは？

ごめんなさい。ここまでお読みいただいたあなたにお詫びしなければ。

「カンタンすぎる人事評価制度」の〝カンタン〟とは、小学生でも評価できるほど運用がカンタンなこと。そして、3種類までの「人事評価表」でしたらたった1日でできてしまうという時間軸から〝カンタン〟と表現しています。でも、「カンタンすぎる人事評価制度」の「人事評価表」を策定することは決してカンタンなことではありません。

特に一枚目の「人事評価表」の策定には、社長は大変な思いをします。それでもたった1日なのでどうか我慢してください。逆に非常に危惧しなくてはならないことは、耳障りのいい上辺だけの言葉やフレーズで「人事評価表」を策定してしまい、社長の思いが人材に伝わらないことです。

「カンタンすぎる人事評価制度セミナー」を2018年9月から全国で開催し、コロナ禍の影響もありましたが2020年8月までの二年ほどで50回を越えました。当初、同セミナーでは「カンタンすぎる人事評価表」の見本を出席者に配布していたのですが、それを持ち帰った出席者から、「自社で『人事評価表』を策定してみたがどうもうまく運用できない」と質問がいくつも寄せられ、原因を探ってみると、セミナーで持ち帰った「人事評価表」の見本の文言・

フレーズをほぼそのまま使い、社長自身の思いとは言い難い「人事評価表」を策定してしまったことにありました。

それ以来、「カンタンすぎる人事評価制度セミナー」では、「人事評価表」の見本を配布することを控えています。

この本をお読みのあなたもどうか、世界に一つだけの「人事評価表」を、あなたの思いを込めて作成してみてください。その際、気を付けるべきことは、一般的なフレーズを思いついた場合、「と、いうことは?」で深堀りしてください。たとえば、社長・会社の理想の人材として、「経営者目線を持った人材」と多くの社長が言われますが、そこから「経営者目線を持った人材とは?」と深堀りしてください。

この〝深堀り〟は、慣れていないと大変な作業かもしれませんが、自分の頭の中を整理することができるという副産物も手に入れられます。「自分は社長として会社、人材、顧客に対してこのような思いを持っていたのか」と、ブレインダンプが可能です。

この場合のブレインダンプとは、社長の脳みその中身をみえるようにする行為と理解してください。社長にとっては、自分自身の脳みそですから100%自覚していると感じているのでしょうが、実は、潜在意識として自覚していないことがたくさんあるのです。

私が「カンタンすぎる人事評価表」の策定指導をさせていただく場合、この〝深堀り〟については、手を変え、品を変え徹底的に整理しながら行います。製造業で品質管理の経験がある方であればご理解いただけると思いますが、不良製品発生の原因を追究するために、「なぜなぜ分析」、「特性要因図」、「連関図法」などを用いるのと同様です。もちろん、ブレインダンプの手法も活用することもあります。

そして、世界に一つしかない「人事評価表」を策定するのです。そのことにより、後述するPrivate Value（私的な働く価値）を活用した「ワントゥワン人事管理」につなげることができるようになります。

11 人事評価制度に〝完璧〟はあり得ない

人事制度・人事評価制度の指導を始めて長年経ちましたが、その中で一つの結論があります。それは、「**人事評価制度に〝完璧〟はあり得ない**」です。もちろん、「カンタンすぎる人事評価制度」においても然りです。

「カンタンすぎる人事評価制度」を策定する場合、通常は社長とその「人事評価表」を策定する業務内容を理解している管理者が参加して策定しますが、その人選を誤ってしまうと、「人事評価表」がなかなか完成しないことがあります。「○○の場合はどうするのか？」「◇◇になったらどう対処するのか？」など、まだ起きていない「たら」「れば」の仮定をこれでもかと突いてきます。

このような管理者は、基本的に人事評価制度などを導入してほしくないために、やたら細かなことを指摘してきます。実は、そのような管理者は既に社長からリトマス試験紙をなめさせられていることを気づいていないのです。

管理者とは名ばかりで、部下の管理能力、育成能力のない管理者は人事評価制度の策定に完璧を求めるふりをして、実は、やりたくないから難癖をつけるのです（ちなみに管理職の価値とは、部下の管理は当たり前でいかに部下を育成できるか、です）。

ですから、「カンタンすぎる人事評価制度」の「人事評価表」策定の場で、このような振る舞いを行う管理者はその時点で社長から低評価をつけられているのです。一般従業員がするのであればまだ理解できますが、管理職がしてしまうこと自体問題なのですから。

一般的な人事評価制度は、各部署、各階層から参加した従業員によるプロジェクトチームを編成し（５名～15名ほど）、半年から１年以上かけて策定していきます。なぜ、このようなシチュエーションが必要なのでしょうか。

それは、一般的な人事評価制度は運用が面倒くさいうえに、上手く使えず、従業員も会社も伸びませんが、「皆で策定した人事評価制度だから仕方ないよね」という逃げ道をつくるためと私は考えます。「皆で策定したものだから完璧じゃなくてもいいよね」、と。

もし、外部のコンサルタントが作成した場合は、「ウチの会社のことを理解していないコンサルが作った人事評価制度なんか使えないから止めちゃいましょう」となりますが、自分たちで策定したとなれば仕方なく運用する羽目になります。

ただ、「カンタンすぎる人事評価制度」は、運用自体はとてもラクで、成果も明確なので、前述のようなことにはなりません。「カンタンすぎる人事評価制度」も一般的な人事評価制度と同様に〝完璧〟はあり得ませんが、ＰＤＣＡを廻していくことができるため、その都度改善できるのです（ＰＤＣＡのＡは改善）。

12 運用前に「新人事評価制度全従業員向け説明会」を開催

従業員は、人事評価制度の〝評価〟という文言に非常に敏感です。

「自分が悪く評価されるのではないか？」

「給与が減らされるのではないか？」

「降格させられるのではないか？」

このような疑心暗鬼や不安を取り除くには、社内の人間（社長や総務部長）よりも、外部の専門家が説明したほうがスムーズです。私が関与先に「カンタンすぎる人事評価制度」の策定を指導した場合には、全従業員向け説明会の講師を務めることが多くあります。

この説明会の場で必ず伝えることは、「当面、給与は一円も下げないこと」「評価結果には根拠があること」「評価は人材育成の経過を測るための単なるプロセスであり、目的は皆さんに活躍してもらうこと」です。

私が専門家として客観的に説明することにより、従業員側からネガティブな意見が出されたことはありません。

13 「カンタンすぎる人事評価表」様式

評価表は、１人分がＡ４で１枚です。これだけでも相当少ないと思われるのですが、実は一覧表にしたＥｘｃｅｌ版の評価表があり、そちらの場合は、20名分であってもＡ４サイズ１枚で収まります。

「カンタンすぎる人事評価表」様式

人事評価表

被評価者：　　　　作成日：　年　月　日　　作成者：　　　　承認者：

会社名		部署名	
1 自社の品質は何か？			
1-1 自社品質を実現させるために必要な人材はどのような人材か？			
1-1-1 自社品質を実現させるために人材が身に付けるべき能力はどのような能力か？（場合によっては部署ごと）			
1-1-2 その能力が発揮されたことの評価項目は（二つ）			
1-①			
1-①の能力発揮基準	5=○○、3=△△、1=××		
1-②			
1-②の能力発揮基準	5=○○、3=△△、1=××		
2 五年後に会社をどのようにしておきたいか？			
2-1 そのためにはどの様な人材が必要なのか？（場合によっては部署ごと）			
2-1-1 その人材が身に付けるべき能力はどのような能力か？（場合によっては部署ごと）			
2-1-2 その能力が発揮されたことの評価項目は（二つ）			
2-①			
2-①の能力発揮基準	5=○○、3=△△、1=××		
2-②			
2-②の能力発揮基準	5=○○、3=△△、1=××		
3 社長の理想とする人材は？			
3-1 その人材が身に付けるべき考え方は？（場合によっては部署ごと）			
3-1 その考え方が発揮されたことの評価項目は（二つ）			
3-①			
3-①の考え方発揮基準	5=○○、3=△△、1=××		
3-②			
3-②の考え方発揮基準	5=○○、3=△△、1=××		
4 業務姿勢評価項目を二つ選ぶ（マニュアルから選んでも良い）			
4-①			
4-①の態度発揮基準	5=○○、3=△△、1=××		
4-②			
4-②の態度発揮基準	5=○○、3=△△、1=××		
5 会社が解決すべき課題は？			
5-1 会社が解決すべき課題を受けて、部署が解決すべき課題は？			
5-1-1 部署の課題を解決するためにやるべきことを明確にする			
5-1-2 "5-1-1" のやるべきことから個人目標を決定する			
5-①			
5-①の達成度評価基準	達成=10 点、半分以上達成=6 点、半分未満達成=2 点、手つかず=0 点		

会計事務所の人事評価表（一例）

		1 宮川一郎	2 木下慶介	3 南川弘子	4 和歌山峰子	5 光山裕美	6 片桐良子	7 鈴木美津子	8 西牧あきら	9 山本幸太郎	10 香山雄二	11 東山洋子	12 脇田みどり	13 石川広美	14 常川智子	15 田川淳	16 山川金太郎	17 山形一郎	18 南佳子	19 本多義孝	20 西元博
自社の品質とは？	税法に関する顧客からの電話での質問に答えられる																				
	5点=○○○○○○○、3点=△△△△△△△△、1点=◇◇◇◇◇◇◇◇	3	3	5	3	3	5	5	3	3	1	5	3	3	3	3	3	3	3	3	3
	間違いのない書類作成できる（第一チェック、第二チェック時）																				
	5点=○○○○○○○、3点=△△△△△△△△、1点=◇◇◇◇◇◇◇◇	5	3	5	5	3	3	3	3	5	3	5	5	5	3	1	5	5	3	5	5
3年後の自社の姿は？	相続関連書籍の読書																				
	5点=○○○○○○○、3点=△△△△△△△△、1点=◇◇◇◇◇◇◇◇	5	3	3	5	1	5	3	1	5	3	3	5	5	3	1	3	1	3	5	3
	相続関連セミナーを受講してレポートの提出し、社内セミナー講師担当																				
	5点=○○○○○○○、3点=△△△△△△△△、1点=◇◇◇◇◇◇◇◇	5	5	5	3	3	5	3	1	5	5	5	3	5	3	5	3	3	3	3	3
一緒に働きたい人材	顧客・所内での仕事を断らずに、同僚の仕事をサポートできたか？																				
	5点=○○○○○○○、3点=△△△△△△△△、1点=◇◇◇◇◇◇◇◇	5	5	3	3	3	5	3	3	5	1	3	3	5	3	5	1	5	3	1	3
	顧客から紹介を受けられたか？																				
	5点=○○○○○○○、3点=△△△△△△△△、1点=◇◇◇◇◇◇◇◇	5	1	5	3	1	5	3	1	5	1	5	3	5	3	5	5	5	5	5	1
業務姿勢	勤務時間中に長時間席を離れない																				
	5点=○○○○○○○、3点=△△△△△△△△、1点=◇◇◇◇◇◇◇◇	5	3	3	3	1	1	3	1	5	3	3	3	5	3	5	5	5	5	5	5
	顧問先への新規提案案件																				
	5点=○○○○○○○、3点=△△△△△△△△、1点=◇◇◇◇◇◇◇◇	3	3	3	1	1	3	3	1	5	3	3	1	5	3	5	3	3	3	3	3
組織の課題からの目標	既存顧問先から行政書士業務売上年間50万円以上																				
	5点=○○○○○○○、3点=△△△△△△△△、1点=◇◇◇◇◇◇◇◇、0点=×××××××××	6	4	8	6	1	6	6	2	8	4	8	6	5	6	10	10	2	6	10	6
		42	30	40	32	17	38	32	16	46	24	40	32	43	30	40	38	32	34	40	32
		S	B	A	B	D	A	B	D	S	C	A	B	S	B	A	A	B	A	A	B

佐藤のお店（会社）「シュガー＆ソルト」で「カンタンすぎる人事評価制度」を導入しはや1年。最初に「人事評価表」で設定された要求力量のハードル到達も実現でき、さらに高くしたハードルを反映した「人事評価表」を策定し、3人は日々努力している。

駅前に新しいパン屋さんができるみたい。

店長、うちの売り上げ落ちませんかねぇ？

大丈夫！うちは最高の原材料と技術でつくってるんだから。

今度できるパン屋さん、大手チェーン店で給料も高くて、福利厚生も良いみたい。

そうなんだぁ……

1か月後。駅前のパン店「サッカリン」がオープンした。

私、偵察がてら「サッカリン」でパンを買ってきました。

ええー？

実はエミコさんの趣味はパンの食べ歩き。

少し、イースト臭いわ。短時間でつくっているためね。食パンは中種法じゃないわね。

店長大丈夫です！「サッカリン」のパンはウチの敵じゃありません！ただ、どんな売り方をしてくるかわからないので注意はしましょう。

かならずしも最高の原材料を使用し最高の技術を施したパンが売れるとは限りません。それは、職人のエゴです。

厳しいこと言うなぁ……

店長、今月いっぱいで辞めさせてください。

えっ？なぜ？

「サッカリン」に移ります。知り合いから頼まれて。

わかりました。

ここまで一緒にがんばってきたのに……。

タツロウさんはお店を去って行った。そして訪ねてきた人がいた。ユリコ先生である。ユリコ先生は、「カンタンすぎる人事評価制度セミナー」の講師を務め、佐藤の相談に乗った人物だ。

ごきげんよう。今日は、皆さんがさらに活き活き働くためのネタを持ってきました。零細・中小企業が大企業に勝つための人事管理戦略です。

先月末、その大企業に人材をとられちゃいました。

ナイスタイミング！いや、少し遅かったかしら。まぁいいわ。今からお伝えするのは、零細・中小企業だからこそできる「ワントゥワン人事管理」。零細・中小企業が大企業に勝てる戦略です！

えっ？そんなスゴイことできるのですか？

ユリコ先生は「ワントゥワン人事管理」について、一時間ほど佐藤に説明した。佐藤は、その効果に驚き、すぐにでも取り組みたいと思ったが、来週の連休にじっくり構想を練ることにした。

私、もう一度「シュガー&ソルト」に戻れないかなぁ？

えっ？「サッカリン」辞めちゃったんですか？どうして？

タツロウさんは経緯を話した。実は、前職で世話になった先輩の顔を立て、「サッカリン」で働くことになった。しかし、タツロウさんは実母を引き取ることになり、その介護のため土日が働けないことを「サッカリン」の店長に伝えると、「土日のシフトに入れないのなら辞めてください」と即答された、とのこと。

でも、ウチの店も日曜は定休日だけど、一番忙しい土曜日に入れないとどうなんでしょう…？一応、店長に訊いてみますね。

恩に着ます。

エミコさんは店長の佐藤にタツロウさんのことを話し、他のパートを含め、話し合いがもたれた。

私とエミコさんはもう一度タツロウさんに働いてもらおうと思いますが、マルコさんや他の方、意見はありますか？
確かに土曜日シフトに入れないのは痛いですが、そういう事情なら協力したいです
みんなも良いかな？
ハーイ

このやり取りを通じ、佐藤はユリコ先生から説明された「ワントゥワン人事管理」について考えていた。
人には、それぞれに働く個人的な価値や事情がある。その価値や事情を理解して、見合ったものを提供することにより零細・中小企業も大企業に太刀打ちできるということなのか。
今のタツロウさんにとって、働く個人的な価値や事情とは、土日に休めることなのだな。

【ワントゥワン人事管理：Private Value（私的な働く価値）の活用】

「ワントゥワン人事管理」とは、人材ごとの事情に合わせた人事管理を行うことです。

人材には、Private Value（プライベート・バリュー）が存在します。Private Valueとは、**私的な働く価値**のことであり、タツロウさんのPrivate Valueは、「母親の介護を第一に考えられる職場（土日に休めること）」であると言えます。人材を雇用する側は、人材ごとのPrivate Valueを把握し、共有することにより、その人材にとって働きやすい職場が実現でき、能力を身に付け発揮してもらえるのです。

ただ、ここで問題があります。Private Valueについては、人材が雇用側に伝えたくない場合もあり（採用・雇用、評価が不利になる等という理由から）、さらに人材自身が自分にとってのPrivate Valueに気づいていないこともあるのです。

大企業は、人材ごとの個人的理由に合わせることは難しいのですが、零細・中小企業であれば、小回りが利き、人材ごとの特別な事情に配慮することも可能なのです。

これこそが零細・中小企業が大企業に勝つための人事管理、**「ワントゥワン人事管理」**です。

佐藤は、エミコさん、マルコさんのPrivate Value（私的な働く価値）を明確にするためにそれぞれへ面接した。

公私で実現したいことはありますか？

僕はパン職人になりたいです！正社員で。そして、日曜日は子供と遊びたい。

私は大好きなパンを造るお店に関わりたい。そして、小麦アレルギーの姪っ子に米粉パンを届けたい。

タツロウさんとも面接した。

タツロウさんがもともと持っていた、働くことに対しての思いや実現したい夢はありますか？

？

ありがとうございます。私はお店に戻してもらっただけで感謝しています。他は何も望みません。

2日後
全員のPrivate Value（私的な働く価値）はわかったのですが、タツロウさんは何か他にもありそうなのです。

私が一度、面接してみましょうか？

翌日
話せる範囲で構わないので、タツロウさんの生い立ちから現在までのことを聴かせていただけないでしょうか？

わかりました。

タツロウさんは、子供のころから現在まででのことをユリコ先生に話した。

タツロウさんのPrivate Value（私的な働く価値）がわかりました。

彼は、実家に対して申し訳ない気持ちがあるのです。

彼の実家はトラック運送業で本当は彼が継ぐ予定だったようです。

ただ、事情があり弟さんに家業を継いでもらいました。

ただそうは言っても家業が気になり、こちらで導入している人材育成のための人事評価制度を、実家にも取り組ませたいみたい。

実家の家業の役に立ちたいということがPrivate Value（私的な働く価値）なんですね。

こうして、従業員全員のPrivate Value（私的な働く価値）が明確にできた。
タツロウさんのように自分自身でPrivate Value（私的な働く価値）に気づいていない場合や他人に言いたくない場合などがあり、明確にすることは少し大変です
でもあえて明確にして、それを共有し、実現することができれば、働く人にとって、この会社で働く意義が非常に大きくなるのです。これこそが、ワントゥワン人事管理に必要なことなのです。
確かに母親の介護については言い出しにくいかもしれませんね。

そういえばユリコ先生の人事評価制度の指導は、タツロウさんが非常に熱心でしたね。
確かにそうでした。

【5人の従業員のPrivate Value（私的な働く価値）】

タツロウさん	母親の介護のため土日にシフトに入らない。 実家への負い目を払拭するために実家が営む運送事業の役に立ちたい。 実家の運送業に人事評価制度を入れて人材育成のサポートをしたい。
マルコさん	正社員としてパン職人になりたい（手に職をつけたい）。 日曜日に子供と遊びたい。
エミコさん	大好きなパンをつくるお店に関わりたい。 小麦アレルギーの姪っ子に米粉のパンを届けたい。
○○さん	○○○○○○○○○○○○○○○○○○○○
○○さん	○○○○○○○○○○○○○○○○○○○○

次の展開として、このPrivate Value（私的な働く価値）を、「人事評価表」の会社が設定した「要求力量のハードル」に組み込みます。

「人事評価表」を改訂するのですね。

Private Value（私的な働く価値）

組み込む
人事評価表
たとえばマルコさんの「評価表」には、正社員としてパン職人になるための技量・知識のハードルを設定する。

なるほど。ただ、マルコさんの「日曜に子供と遊びたい」についてはどうしたらいいでしょうか？

日曜日は定休日ですから、それは解決できます。「評価表」への展開は不要です。

確かに！

誤解のないよう付け加えますが、すべてのPrivate Value（私的な働く価値）を「評価表」に展開しなくてもいいのです。

すでに実現できていることは継続をする努力して、実現できていなくても「評価表」とは別に展開すればいいんですね！

日曜休日

小麦アレルギーの姪っ子さんに米粉パンを届けたいエミコさんの場合は、私が米粉パンをつくってエミコさんに渡せばいいのですよね？
それは少し違います。確かに渡したら喜ばれるでしょうが、エミコさんにとっての価値は、自分自身がつくった米粉パンを姪っ子さんに渡せることではないかしら？

うちの店でも小麦、卵、乳アレルギーの方向けのパンを曜日限定でつくろうと思っているので、エミコさんはそのプロジェクトに加わってもらえばいいですね。
そうなんです！　もちろん「評価表」に展開しても良いですよ。
アレルギー対策
パン開発プロジェクト
卵
牛乳
小麦

タツロウさんについては、「カンタンすぎる人事評価制度」を学んでもらい、この店の人事評価制度の担当になってもらった。

一般的な人事評価制度は、内密にしていることがほとんどだが、この店の人事評価制度は、評価項目も評価基準も評価結果もフルオープンにしているので、誰が担当しても構わないのだ。

タツロウさんが「カンタンすぎる人事評価制度」を理解し、実家の運送業に「カンタンすぎる人事評価制度」を導入して人材育成が実現できれば、タツロウさんにとってのPrivate Value（私的な働く価値）が叶うこととなる。

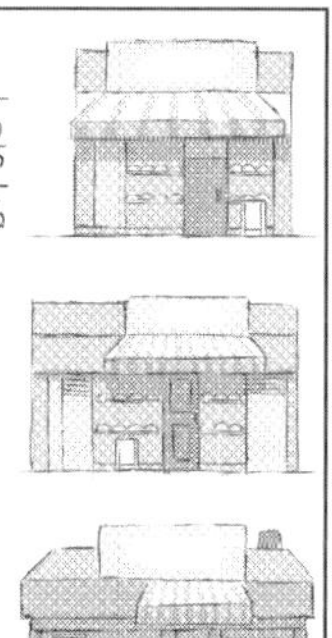
一号店
二号店
三号店

こうして、「シュガー&ソルト」では、Private Value（私的な働く価値）を活用した「ワントゥワン人事管理」を活用し、「サッカリン」に負けない店舗運営が実現できた。そして、1年後に二号店、2年半後に三号店を出店した。

第5章

小規模企業が大企業・上場企業に勝つための人事戦略「ワントゥワン人事管理」をPrivate Value（私的な働く価値）で実現する

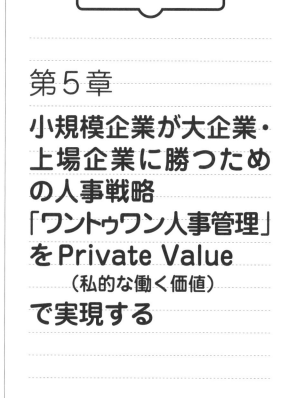

1 これからは小規模企業（零細企業、従業員数20名以下の企業、個人事業）の時代

「大企業」「上場企業」……。私たちの年代からすると確かに魅力的な響きの文言ですが、平成以降に生まれた人材にとってはどのような意味を持つでしょうか？　正直、「大企業、上場企業、それで？」という感じかもしれません。そして、「大企業・上場企業だから一生勤める」という感覚を持った人材も減少の一途でしょう。仮に大企業・上場企業に勤務したところで、他人と比較し、ちっぽけな価値観による優越感に浸り、それを口外したところで、表向きには称えられたとしても実際には愚かだと思われる……。

今までは会社を選んだ結果、仕事が決定する傾向が強かったのですが、**今後は、最初に自分がやりたいことは何なのかを明確にして、次にそれはどこでできるのか絞り込んでいった結果、その場こそが零細・中小企業、個人事業である場合も十分に考えられるのです。**

このような人材は、自己実現のツールとして仕事を活用する人材であり、雇用主にとっても非常に有望な戦力を雇用できることになります。

このような有望な人材に自社を選んでもらうために小規模企業の側も盤石な受け入れ態勢を整えておく必要があるのです。そして、人材にとってさらに魅力ある勤務先となるために磨き

をかける必要があります。そこで活用すべきが「ワントゥワン人事管理」であり、その実現にはPrivate Value（私的な働く価値）が欠かせません。

もちろん、どうしても働かなくてはならない事情を抱えている人材もたくさんいて、そのために自分の本意ではない仕事や会社を選んでいる場合もありますが、そのような人材にこそPrivate Value（私的な働く価値）を見つけてもらい、イキイキと働いてもらいたいのです。

状況はいずれ変わります。大変な状況の中で働かなくてはならない人でも、その状況が永久に続くとは限りません。人はそれぞれ抱えている事情、価値観、思いなどが異なり、それを実現しようとした場合、大企業や上場企業では成約が足かせとなり実現が難しいでしょう。その点、零細・中小企業や個人事業の場合は、人材ごとの事情に合わせた「ワントゥワン人事管理」が可能です。一人ひとりの事情に寄り添った思いやりのある人事管理が「ワントゥワン人事管理」なのです。

「自分の抱えている事情が障害にならずに働ける場所はどこなのか？」
「自分の抱えている事情が障害にならない仕事は何なのか？」
「自分を活かせる場所はどこなのか？」
「自己実現できる仕事は何か？　職場はどれか？」

これらを考え、人材が行きついた職場・組織があなたの職場であったら、なんと素敵なことでしょうか！

人材から選ばれる素敵な職場を実現するためにも「ワントゥワン人事管理」を活用すべきなのです。これこそが零細・中小企業、個人商店が大企業に勝てる戦略です。

2 「ワントゥワン人事管理」とは？

「ワントゥワン人事管理」については、第1章で少し触れました。働く人はそれぞれ抱えている事情が異なり、その事情も時間の経過や他の事情により変化することがあります。働く人の事情を把握し、人材ごとにきめ細やかな人事管理を行い、人材の働く意欲の向上と維持をしていく手法です。

これは、大企業であっても実施可能ではありますが、小回りの利く零細・中小企業だからこそ可能な人事戦略なのです。ここで言う〝小回り〟とは、その人材への特別な配慮であり、特別扱いとも言えます。

大企業において、この特別な配慮を人材ごとに当てはめることは、標準化された仕組み・ルールのなかでは難しい側面がありますが、零細・中小企業の場合は、社長の考え次第で弾力的に対応できるのです。ただ、特定の人材を特別扱いすることにより、他の人材から「ずるい」「羨ましい」などの指摘が出る可能性がありますので、賃金や待遇等に変化を持たせ、真の意味で「ずるくない」状況にしてしまえばいいのです。これも大企業では非常に難しい施策ですが、小規模企業ならすぐに対応可能です。

この「ワントゥワン人事管理」は、「働きながら族」に対してもぜひ活用していただきたく思います（「働きながら族」については第1章を参照）。

3 人材から選ばれる組織になる

私自身、自組織の人材採用において延べ1000人以上面接を行い、関与先企業の面接を含めると数えきれないほど採用面接を行ってきました。採用面接の際に行う、人材選別の絶対的なノウハウがあり、そのノウハウを小出しして人選しています。しかし、この選んでいるという行為は、決して組織側（採用側）だけではないのです。面接を受ける人材（採用される側）も組織を選んでいるのです。

人材側としては

・どのような組織か？

・面接官は感じ良いか？
・パワハラ、セクハラはないか？
・トイレがきれいか？
・制服はあるのか？
・残業はあるのか？　「ある」場合、サービス残業か？

など、人材により気になる項目は千差万別であり、何が良くて、何が悪いのかも人それぞれです。たとえば、制服についても、あった方が良い人材と無い方が良い人材がいます。トイレについてはきれいに越したことはありませんが、気にならない人材もいます。

このように選んでいるのは採用側だけではなく、採用される人材も企業（組織）を選んでおり、面接した人材から選んでもらえる組織づくりが必要になるのです。

実際、当社の面接後に辞退された人材は、「人材にとって、当社が意に沿わない何かがあった」「当社よりも魅力的な組織があった」ということでしょう。

私ほどの採用のノウハウがあっても、これまでの採用人材を勝敗で例えると全勝ではありません。この原稿を執筆している現在、当社で雇用している人材はすべて〝勝〟なのでこの内容も執筆しやすいのですが、なぜ、このような〝勝〟の人材を雇用できたのか、その理由は２つあります。１つ目は、採用面接時に良いことばかりを伝えず、かなり厳しいことも伝えているからです。そのおかげで辞退率は非常に高いのですが、入社後に「訊いてなかった」「良いことだけ言われた」などの不満を採用人材から訊くことは稀です。このようなことを書くと、「当社は応募がほとんどないので応募があった人材をとにかく雇うだけ」と嘆く社長さんもいらっしゃると思います。確かに不人気業種は存在します。しかし、不人気企業は作られるものです。たとえ不人気業種であっても、不人気企業にならない努力が必要であり、不人気の原因が必ず存在することから逃げないでください。

２つ目は、採用の可否を迅速に伝えるからです。

採用面接に臨む人材は、決してあなたの会社だけに面接しているのでありません。少なくとも二社は面接しているでしょう。そして、その人材を高く評価したのは、あなただけではないはずです。だからこそ一刻も早く、採用もしくは内定を伝えるのです。可能であれば、その場（面接の場）で伝えてください。ただ、よほど人材に困っているのかと思われる可能性もあるので、なぜ即決するのか、その根拠を明確に説明してください。

採用もしくは内定の即決が無理なら、翌日までに伝えましょう。ただこの場合、採用できる可能性は下がります。一週間後に採用の可否を伝える場合、その確率は約10％となるでしょう。

この採用可否を伝えるスピード自体も、人材にとっては御社を選ぶ一要素であることをお忘れなく。即決してもらえるということは、それだけ自分のことを評価してくれたのだと感じます。あなたの組織でも何らかのモノやサービスを販売（提供）していることでしょう。それが高額であればあるほど、即決していただけるお客様はありがたいですよね。

もちろん人材は買うモノではありませんが、採用する側の組織は人材に対して責任があり、かつ、固定費も莫大にかかります。それを即決してもらえるということは人材にとってもありがたいことなのです。

そして、自社は大手企業にはないきめ細やかな人事管理を実施していることを堂々と伝えてください。このPrivate Value（私的な働く価値）を活用した「ワントゥワン人事管理」は、人材に自社を選んでもらうための強力な武器となります。

ここ最近、人材採用を意識した自社サイト（ホームページ）つくりが花盛りで、これでもかと自社の魅力を伝えてきています。正直、そのようなサイトをみて食傷気味の求職者も多いのではないでしょうか。

私も人材採用のサイトつくりのアドバイスをよく求められますが、その際のアドバイスはたった2つです（非常に重要です）。

①自社の魅力の根拠をわかりやすく伝えること

②「ワントゥワン人事管理」の実施企業であることを伝える（Private Value［私的な働く価値］を与えられること）

極論を言うと、この2つで十分なのです。あとは伝え方ですね。

もしあなたが、求職中で面接候補の会社のサイトをみているとしましょう。「当社はこんなに素晴らしいですよ」「当社の魅力は○○です」と自社目線のことをまくし立てられるより、「あなたが当社に入社したら○○になれますよ」「当社はあなたのために○○ができますよ」と伝えられた方が良いと思いませんか？　もちろん根拠とともに。

Private Value（私的な働く価値）を活用した「ワントゥワン人事管理」は、求職者から選ばれるためのツールなのです。

4 人材にとっての働く動機付けとは？

人は、どのようなことが働くためのエネルギー（燃料）になるのでしょうか？

これには二種類の考え方があります。

⊕要因：プラスのことを獲得するために働く

⊖要因：マイナスのことを回避するために働く

たとえば、釣りが趣味な人であれば、新しい釣竿を手に入れたり、沖縄でトローリング体験をしたりするために日々働いているかもしれません。これは⊕要因といえます。また、生活していくために働かなくてはならないのであれば、住む場所がなくなる、ご飯が食べられなくなるというマイナスのことを回避するために働くことになり、⊖要因といえます。

参考になるのが「マズローの欲求5段階説」です。

・**生理的欲求**：「食べたい」「排泄したい」などの、人が生きているうえで必要不可欠な行動欲求です。

・**安全の欲求**：自分自身の安全を保ちたいという欲求です。それは、身体的にも経済的にもです。安全に暮らすために必要なことを実現したい欲求といえます。

・**社会的欲求**：人は何らかの集団に所属していると安心できます。それは会社であったり、あるコミュニティーであったり、家族の場合もあります。私は常々、従業員にとって「会社は帰るところ」でありたいと思っています。

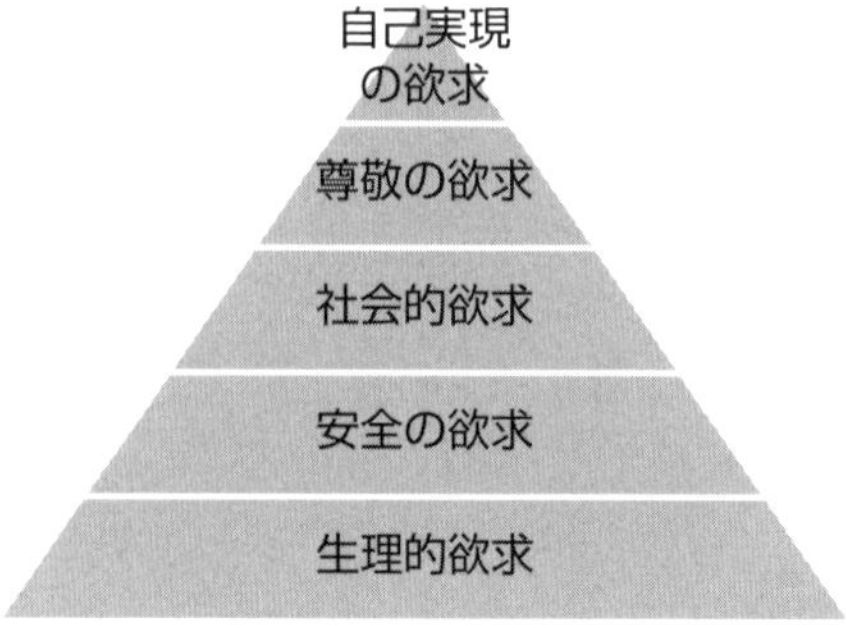

・**尊敬の欲求**（**承認の欲求**）：自分が所属している集団の中で尊敬されたい、一目置かれたいという欲求です。一般的に社長はこの欲求以上の場合が多いようです。

・**自己実現の欲求**：自分の存在価値を認め、自分にしかできないことを実現していく欲求です。

「マズローの欲求5段階説」を基にあなたの会社の人材がどの段階にあるのか掴んでおくと、それぞれのPrivate Value（私的な働く価値）を明確にできる可能性が高まるのです。

5 「ワントゥワン人事管理」の重要な要素であるPrivate Value（私的な働く価値）とは？

Private Value（私的な働く価値）とは、人それぞれが抱えている働く価値基準と理解してください。

人材ごとのPrivate Valueを明確にする前の大前提として、Private Circumstances（私的な事情）を考慮しなくてはなりません。人はそれぞれ、事情があるのです。その事情を考慮することが大前提です。

人材ごとのPrivate Valueを掴むためには、その人材が「マズローの欲求5段階説」のどの段階にあるのかが重要です。

たとえば、派遣切りにあい来月のご飯代に困っている人材を採用した場合、「生理的欲求」である、生活するために困らない最低限の給与を支給すれば、まずはその人材の欲求が満たされることになります。ちなみにその人材のPrivate Valueとは、「人並みに食事ができること」でしょうか。そして数か月経ち、生活が少し安定してくると、現在住んでいるセキュリティに不安のあるボロボロのアパートではなく、もう少し安心・安全に暮らせるマンションに引っ越したくなり、それが実現できると「安全の欲求」が満たされることになります。

以上のように、あなたが雇用している人材の欲求の段階はどこなのかを把握することは、Private Valueを把握するうえで意味があります。

もう一つ、重要な着眼点があります。それは、「雇用主への5種類の要求」です。この考え方は、顧客満足を実現するための5種類の顧客要求がベースとなっています。

○5つの顧客満足……1一般要求、2当然要求、3法的要求、4顧客特有要求、5潜在要求

これを、人材から雇用主への要求に置き換えるのです。それぞれ重複している場合も多く、厳密に識別できない場合もあるのですが、Private Valueを明確にするうえで重要な着眼点となりますので、説明していきます。

①雇用主への一般要求

人材が働くうえで普通の要求です。たとえば、交通費を支給して欲しいなどです（注：交通費の支給は法的要求ではない）。

②雇用主への当然要求

当たり前の要求です。過度でもなく、ワガママでもない要求といえます。たとえば、一般的な作業環境の提供などでしょうか。ただし、この当然要求の〝当然〟は、人材と雇用主によって基準が異なることがしばしばあります。

③雇用主への法的要求

法的な要求です。たとえば、労働・社会保険に加入しているとか、有給休暇が付与されているなどです。

④雇用主への従業員特有要求

従業員が持ち合わせている事情から発生する要求のことです。たとえば、子供を保育園に迎えに行くために残業ができないなど。この従業員が持ち合わせている事情は時と場合により変化することも多いので、

その変化を注視する必要があります。

⑤雇用主への潜在要求

この要求は、潜在している要求ですから、人材自身が認識していません。そのため、雇用主側が人材の潜在要求を見つけ与えることができれば、感謝されることが多いのです。顧客満足に繋がる顧客の潜在要求を、顧客に提示できると「そうそう！　こういうサービス（商品）を探していたんです！」と感謝されるのと同じですね。

雇用主側（企業側）にとって、一般要求、当然要求、法的要求を人材に与えることができていないのであれば、Private Value を考える以前の状態といえます。

ですから、人材それぞれの Private Value を考える前に自社は人材の一般要求、当然要求および法的要求に不備が無いのかをよく考えてください。小規模企業だから仕方ないという考えは甘えです。小規模企業だからこそ一般要求、当然要求、法的要求を不足なく人材に与えるべきなのです。

人材が「マズローの欲求5段階説」のどの段階にあるのかを大かた検討を付けたうえで、Private Valueを明確にし、そのPrivate Valueが「5つの雇用主への要求」のうちどれに該当するのか、考えていきます。

では、Private Valueにはどのようなものがあるのでしょうか。具体例を挙げてみます。

・お客様から褒められる、上司から褒められる
・自分自身が仕事を通じて成長できる
・資格取得
・好きなことに没頭できる
・仕事の楽しさ、満足感、達成感
・会社や上司から高評価を獲得できる
・気の合う同僚や尊敬できる上司の存在
・残業が無い、定時帰宅できる
・週休三日制
・年1回長期休暇が取れる（長期の海外旅行に行ける）
・週二日在宅勤務ができる
・夜間に大学に行ける

・親の介護ができる
・平日の午前中に通院できる
・家族と毎日一緒に夕ご飯が食べられる
・月に２回平日に休日を取れる
・年２回以上マラソン大会に出場できる
・責任ある仕事を任せてもらえる
・ゴルフで１００を切る
・新しい企画に取り組ませてもらえる

もし、前述の最後の例の〝新しい企画に取り組ませてもらえる〟が、人材のPrivate Valueの場合、人の好い社長は「そうか、では○○さんには、今度当社が開発する製品のプロジェクトに加わってもらおう」と考えがちです。しかし、早合点しないでいただきたい。もちろん間違いではありませんが、人材育成・人事管理の観点から言わせていただくと、まずは、「**プロジェクトに加わるために必要な要件や能力を身に付けさせる**」ことが必要です。

また〝ゴルフで１００を切る〟についても、親切な社長は「そうか、では私の友人のレッスンプロに指導してもらおう」と飛躍して考えてしまう傾向がありますが、一足飛びに何かを与えるのではなく、「○○をするためには◇◇が必要」という「根拠」を探っていただきたいのです。

すべての事象に根拠がありましたね。ゴルフで100を切るためには練習が必要です。安価にゆったり練習するためには、平日の空いている時間にゴルフ練習場やコースに出ることができれば良いのです。そのためには、週一回平日にフレックスタイム制を導入し、平日の早朝から午前中にゴルフの練習ができれば良いのです。

職人の世界では、仕事すること自体がPrivate Valueなのかもしれません。〝好きなことに没頭できる〟とは、職人の世界ではよく耳にします。

社長や上司からすれば、「お客様から褒められる、上司から褒められる」「仕事の楽しさ、満足感、達成感」といった、会社で発生するPrivate Valueだと助かるのですが、そのような人材はむしろ少数派です。ものすごく個人的なPrivate Valueを持っている人材が多いのが現実であり、だからこそ〝Private〟なのです。

6 Private Valueの種類

大前提としてPrivate Circumstances（私的な事情）があり、Private Value（私的な働く価値）を明確にしようとすると、本人が認識しているものと、認識していないものに分かれます。

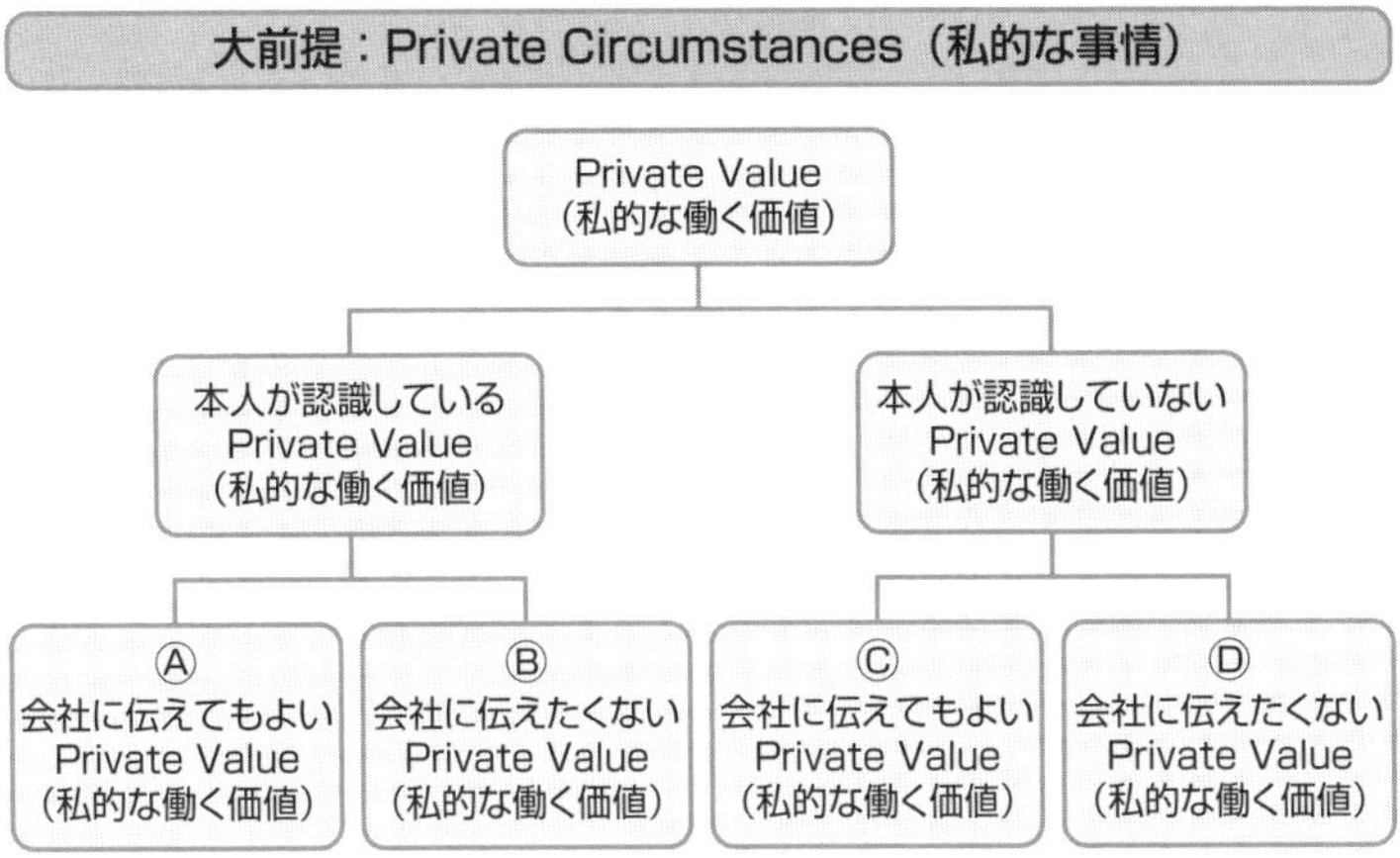

そして、会社に伝えても良いもの、伝えたくないもの。たとえば、親の介護のために突発的な残業ができない場合、本人は認識していますが、昇進や昇給に係わるかもしれないとの不安から会社側に伝えたくないかもしれません。しかしこの事例はPrivate Value（私的な働く価値）ではなく、Private Circumstances（私的な事情）になりますが、その私的な事情を雇用側が考慮することにより、突発的な残業に従事させないよう配慮することは、当該人材にとってPrivate Value（私的な働く価値）になり得るのです。

7 守秘義務にかかるPrivate Valueもある

前項では、Private ValueをA～Dの4つに分類しました。

この中で本人が雇用側に伝えたくないPrivate Valueがありました（B、D）。特に、本人が既に認識しており、かつ、雇用側に伝えたくないPrivate Value（B）を雇用側が把握した場合は情報漏洩に細心の注意が必要です。雇用側に伝えたくないということは、組織内の同僚にも知られたくないということを理解してください。

また、本人が認識していなかったが、Private Valueを明確にしたことにより、雇用側に伝えたくなかったPrivate Valueが明確になった場合（D）も、取扱注意です。本人さえ認識していないPrivate Valueが組織の働きかけで明確になったり既に雇用側に把握されてしまいましたが、本来であれば秘密にしておきたいことなのです。

全般的な傾向として小規模企業にかかわらず、中小企業全般的に社長や管理職の方は従業員の個人情報について安易に考えている傾向があります。

コミュニケーションの場（忘年会、慰安旅行など）で、本人が知られたくないPrivate Valueを漏らしたり、アウティング（LGBTQの場合）したりすれば、本人はもちろんのこと、他の従業員から会社に対する信頼が失墜するリスクがあることを強く認識すべきです。

一部のブラック従業員や猜疑心の強い従業員から会社に対する信頼が無いことをいちいち気にする必要はありませんが、意図的な情報漏洩であれば（ここでは「悪気が無かった」も意図的とします）、組織として言い訳の余地はありません。

Private Valueを活用した「ワントゥワン人事管理」を導入するのであれば、この守秘義務を徹底的に履行してください。場合によっては、全従業員の個人別の給与額よりも重要な情報であることを十分に理解してください。そして、社長以外の人材が従業員のPrivate Valueを知り得るのであれば、「就業規則」に守秘義務について規定したうえで遵守してください。

8 零細・中小企業、個人事業だからこそできるPrivate Valueの共有

小規模企業にとって従業員一人当たりに占める戦力度合い・重要性は大企業・中堅企業に比べて高くなります。そのため可能な限り一人ひとりの従業員が働きやすい職場環境を実現し、技術、知識、能力を存分に発揮してもらいたいものです。

大企業や中堅企業においては、従業員の個人的な事情にいちいち構っていられませんが、小

回りの利く小企業なら、従業員のPrivate Circumstances（私的な事情）を反映したPrivate Value（私的な働く価値）を従業員と共有する「ワントゥワン人事管理」を実現できます。

ただ、ここで注意すべきは、誤った与え方をしないことです。小規模企業の社長は、行動力がある方が多く、かつ、ショートカットした行動も多いため善意として短絡的にPrivate Valueを与えてしまうことがあります。しかし、それでは従業員のためにならず、良い結果を得られません。人材育成の視点を忘れてはいけないのです。

従業員と自分の子供を同じように考えていただきたい。

子供が何かを欲しがるとき、すぐに買い与えるでしょうか？ なぜ欲しいのか理由を尋ねたうえで対応すると思います。従業員も同じなのです。すぐにPrivate Valueを与えるのではなく、「何を与えるべきなのか？」「どのように与えるべきなのか？」をよくよく考えてください。

世の中には、さまざまな立場、背景、身体的特徴、考え方、性別などの人材がいます。いわゆるダイバーシティ（多様性）です。その人たちが技術、知識、能力を発揮できるための職場環境を整えることが社長の務めといえます。また、このことが実現できない小規模企業は、事業自体が今後淘汰の波にのまれてしまう可能性が高いのです。

私の専門のマネジメントシステムの一つにＩＳＯ４５００１（労働安全衛生マネジメントシステム）があります。このＩＳＯ４５００１の狙いおよび意図した成果の一つに〝安全で健康的な職場を提供すること〟があります。これを実現するために「ワントゥワン人事管理」の実現が必要なのです。

一方で、従業員にPrivate Valueを与えることにより、その従業員に対する特別扱い、えこひいきと他の従業員から判断されかねないことを認識しておいてください。

他の従業員たちの「えこひいきされている、ずるい」という感情を１００％抑えることはできないかもしれませんが、緩和することは可能です。

まずは、「正しい行いをする組織である」という組織風土を醸成し社内に浸透させることです。ですから、ブラック企業や粗悪品を売りつけている企業では「ワントゥワン人事管理」は導入できません。

さまざまな人がいて、理解しあい、共存できる組織が理想です。正しい行いをする組織・人という前提であれば、社会および会社において「咎めあう社会・会社」よりも「許しあう社会・会社」のほうが素敵だと思いませんか。

確かに法律やルールは守るべきですし、従業員は使用者からの指揮命令に従うことにより賃金を得ることができます。しかし、筋の通らないルールや社会通念上許容できない指揮命令に従う必要はありません。何事にも根拠があります。このルールは何を根拠に規定されているのかを考え、根拠に納得がいくのであればルールに従う必要があります。大多数のルールには適切な根拠がありますが、中には根拠を説明できないルールも存在します。正しいことであれば、「すべてのことに根拠がある」はずなのです。

従業員側から「正しい行いをする組織」であると認識してもらうためには、「社長に対する信頼」が必要です。

社長に対する信頼があれば、従業員は「正しい行いをする組織」だと認識できるのです。

Private Valueが共有され「ワントゥワン人事管理」を適用された従業員に対し、他の従業員が「あれ？ あの人は特別扱い？」と疑問を持ったとしても、「ウチの会社は正しい行いをする会社だから、ちゃんとした根拠があるのだろう」と咎めるのではなく許しあえる、いや、気にも留めなくて済むようになるのです。根拠が具体的に提示されなくても、「信頼する社長」や「正しい行いをする会社」が決定したことであれば、躊躇なくそれに従うという組織風土になるのです。

他にも労働基準法や就業規則に則った処遇を施すことにより、従業員が抱く負の感情に対応することができるでしょう。

9 「強い」社長になる

従業員から信頼され、「正しい行いをする会社」と認められるには、「強い」社長にならなければなりません。

「強い」社長とは「怖い」社長とイコールではありません。もちろん「強い」社長の要素として、従業員から一目置かれている（表現の仕方により「怖い」）ことは含まれます。

「強い」社長と「怖い」社長の大きな違いは、**従業員から社長に具申ができるかできないか、**という点です。「怖い」社長に限って、「私は従業員のさまざまな意見に耳を傾けている」「従業員は私に意見を言いやすいはずだ」と裸の王様的な感覚があります。

「社長！ アンタのことが怖いから、従業員はアンタに意見が言えないんだよ！ アンタのことが怖いから、アンタのからの指示を理解していなくても『ハイ』と生返事しちゃうんだよ」

もし、従業員から「怖い」社長に具申しようものなら、弱い犬ほどよく吠えるよろしく全力でその具申内容を否定してしまうのです。しばしご自分の胸に手をあてておお考えください。

「なんで、指示したことができないんだ！」

「なんで、もっと提案してくれないんだ！」

と日々思っていませんか？ それは実は、あなた自身の問題ではないですか？

「怖い」社長の場合、「ワントゥワン人事管理」は難しいです。

「怖い」社長も困ったものですが、従業員に弱腰な社長も困りものです。では、なぜ従業員に弱腰なのでしょうか。すべての問題に原因があるはずです。

従業員に強く出られない原因は、社長自身が既に把握している場合が多いのです。もうそろそろ、その原因から逃げることは止めませんか？　解決する行動を起こしませんか？

一般的に原因を取り除き問題を解決する方法は、一つではありません。まずは、原因と正面から向き合い、是正する行動を起こしてください。もし、私に原因を特定して欲しいのであれば、現状を包み隠さず一時間も話していただければ、ズバリと、原因を特定できると思います。ただ、その必要はないですよね。既に社長自身が原因を認識していますから。

零細・中小企業および個人商店の社長（事業主）は、「強い」社長であることが必要なのです。「強い」社長であれば、ワントゥワン人事管理を活用して、「少数精鋭の組織構築」「今後の組織規模拡大に備えた盤石な土台作り」が可能なのですから。

10 Organization Value（組織特有の価値）

Organization Value（組織特有の価値）とは、従業員からみた、その会社特有の価値のことです。この価値は従業員共通の場合もありますが、従業員ごとに異なる場合も多いのです。

このOrganization Value（組織特有の価値）は、そのまま従業員が当該組織で働く動機付けになります。単純なものでは「この会社が好きだ！」もこの価値となりますし、上司や部下および顧客に感じている価値も同様であり、他にも従業員自身の能力が向上することに価値を感じている場合もあります。

社長・会社としては、このOrganization Valueを高めていくことができれば、人手不足と無縁になりますし、結果的に顧客満足も向上できるのです。

今流行りのエンゲージメント（従業員から会社に対する思い入れ）と同様のようにも思えますが、Organization Valueは、さらにプライベートな感覚だと考えてください。

社長・会社として従業員にどのようなモノ・コトを与えることができるのか？　自社（自組織）にどのような価値を感じてもらうことができるのか？　を常に追究していくことが必要なのです。これも「ワントゥワン人事管理」というマネジメントシステムで可能となります。

11 Employee Value（人材特有の価値）

Employee Value（人材特有の価値）とは、雇用側（企業側・組織）からみた、その人材特有の価値のことです。

世の中にはさまざまな人材がいます。そして、さまざまな組織があります。仮にA社では必要とされない人材であっても、B社にとっては非常に重宝がられる人材かもしれません。人材にとって、自分の価値を感じてもらえる組織に勤務できることは非常に有意義であり、幸せなことではないでしょうか。

12 Private Margin（人材特有の余裕）

Private Margin（人材特有の余裕）とは、仕事に打ち込めない原因となる「余裕」と説明しておきましょう。実はこのPrivate Margin（人材特有の余裕）をこの本で説明すべきか悩みました。なぜなら、人材を前向きに活用していこうという組織にとってマイナス要因だからです。
Private Margin（人材特有の余裕）の例としては、親から引き継いだ財産があり、あくせく働かなくても良い状況です。また、不労所得の存在も同様です。これらは、生きていくうえでリスクヘッジとなり、傍から観ると非常に羨ましい状況ではありますが、雇用する側としてはPrivate Marginの存在がある故にその人材への過度の期待はできないかもしれません。もちろん、Private Margin が存在していても働くことに生きがいを感じている人材が存在していることも理解してください。

Private Margin については、この本では当項以外では触れません。存在することを頭の片隅にでも留めておいてください。そして、今ひとつ「ワントゥワン人事管理」が上手く機能しなかったとき、この Private Margin を思い出してください。

13 従業員自身が認識している Private Value を明確にする方法

地道で丹念な面接の実施が必要です。ただ、あまり堅苦しく考えず、社長と従業員との自由な会話で良いでしょう。従業員数が10名を超えてくると面接という形式にある程度こだわるべきかもしれません。面接にしても、会話にしても、普段からコミュニケーションが取れているのであれば、本人が認識しており、かつ雇用側に伝えてもよい Private Value を把握することは比較的容易でしょう。

問題は、本人が認識しているが雇用側に伝えたくない Private Value をどうききだすのか。

【従業員自身が認識しているPrivate Valueの明確化プロセス】

①信頼される「強い」社長になる

↓

②Private Value（私的な働く価値）について従業員に理解してもらう
（Private Valueは従業員のためにあること）

↓

③正しい行いをする会社である、と従業員に認識してもらう

↓

④面接により従業員のPrivate Value（私的な働く価値）を明確にする
（雇用側に伝えてもいいもの・伝えたくないもの両方）

その際、重要なことは、信頼できる「強い」社長が経営する「正しい行いをする会社」であることを従業員に充分に認識してもらうこと。社長および会社に対して信頼が持てないと、本来秘密にしておきたいPrivate Valueを伝える気になりませんから。

社長および会社に信頼があれば、従業員にとって言い難いことでも会社に伝えることにそれほどの障害はないと思われます。しかし、この感覚は千差万別であるため、一概に「なんで伝えてくれないのか」と思ったところで解決できません。まずは、Private Valueを社長や会社に伝えることにより、従業員自身が働きやすくなることを理解してもらう必要があります。

社長や会社は、決して興味本位で従業員のPrivate Valueをききだそうとしているのではなく、従業員自身のため、良い組織にするためであることを理解してもらう必要があります。

このようなことは社内の人間が伝えるよりも、外部

の専門家が伝える方が従業員にとっては腹に落ちると思われます。社長と私が一緒に策定した、新しい人事評価制度を導入する場合の全社員への説明にしても、外部の専門家として私が説明することを心がけています。同様にPrivate Valueについても、あらかじめ客観的な説明が必要でしょう。

14 従業員自身が認識していないPrivate Valueを明確にする方法

従業員が認識しているPrivate Valueの明確方法に比べると少々厄介になりますが、明確にする価値は非常に高いです。

これも基本的には面接で行い、その手法は多々あるのですが、この本ではいくつかの解りやすい手法を説明します。

①マズローの欲求5段階説と雇用主への5つの要求から探ってみる

まず、対象の従業員はマズローの欲求5段階説のどの位置にいるのか、大まかでいいので特定してください。

特定できない場合は、本人との会話の中から推察します。

たとえば、下位の欲求である「生理的欲求」「安全の欲求」がみられる人材に対しては、金品に繋がるPrivate Valueを推察してみてください。たとえば、残業の発生による給料の上積み、会社に贈られたお中元・お歳暮の配布など、考え出したらいくらでもあります。また、完全なる個人的理由のPrivate Valueも存在します。たとえば、子供と一緒に夕ご飯を食べたい、家族に喜んでもらいたいなどです。ここで注意すべきは相反する場合があることです。たとえば、残業をたくさんこなして時間外手当が支給されたとしても、子供と一緒に夕ご飯が食べられなくなるのであれば、そのバランスをどうするのか。

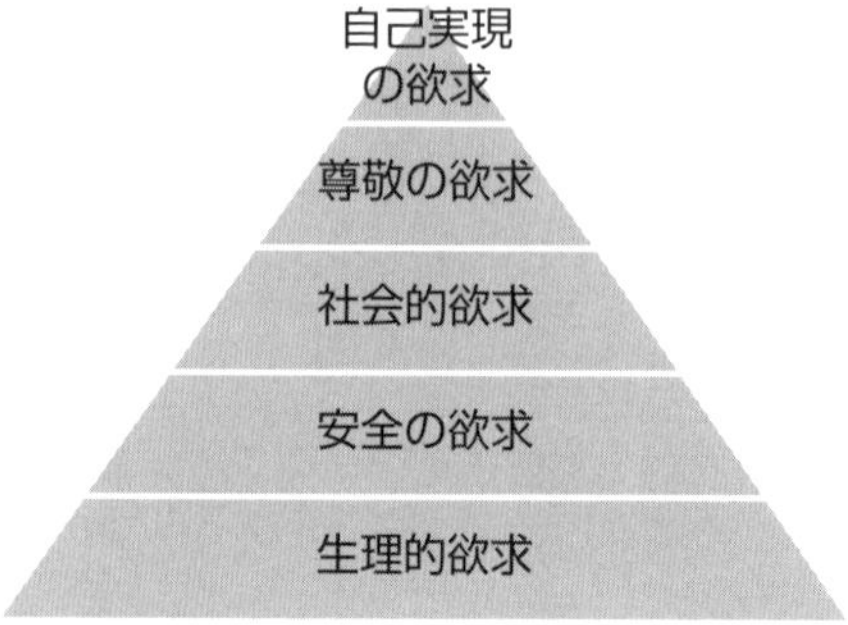

このマズローの欲求5段階説から5つの雇用主への要求に展開して考えることも一つです。たとえば、下位の欲求である「生理的欲求」「安全の欲求」がみられる人材の場合は、雇用主への「一般要求」「当然要求」「法的要求」を探ってみてください。
マズローの欲求5段階説の「社会的欲求」に位置すると思われる人材には、雇用主への「従業員特有要求」「潜在要求」を探ってみてください。雇用主への「潜在要求」は、人材自

身が認識していないのでまさにこの項に被りますね。

②一人ひとりに見合った働き方を考える

人材ごとにどのような働き方を希望しているのか探ってみることにより、Private Valueを明確にできることも多いのです。たとえば、火曜日と金曜日は資格試験の講座に出るために定時で退社したい場合や、火曜日の午前中は母親の通院に付き添わなければならない場合などです。このような場合、就業時間を工夫できれば、その人材にとってのPrivate Valueを与えることができますね。

③人材の得意なこと・輝けることを公私で考えてみる

人材が得意とすることを、組織に勤務するなかで活かせるもの、組織外で発揮されうるものに分けて考えてみましょう。

当該人材は自分の得意分野を把握できているようでできていないことが多々あります。また、組織内でどのような仕事に就いてみたいのかを尋ねても良いでしょう。

そして、当該人材が組織外において、どのようなときに輝けるかも考えてみましょう。組織内で、業務遂行時には冴えないイメージだった人材が慰安旅行先でたまたま実施したビーチバレーではひときわ輝いていたり、子供の幼稚園の運動会の父母競技で大活躍なんてこともよくあります。また、ボランティア活動でとても感謝されている人材もいるかもしれません。

これらは、本人にとっては当たり前のことで、自身のPrivate Valueに繋がるとは自覚していないことが多いのですが、雇用側が、その〝本人にとっては当たり前のこと〟に興味を持つことで本人が良い意味で自覚することができ、Private Valueの発掘となるのです。

④人材の興味があることを明確にしてみる

興味があることとは、決して得意なものとはかぎりませんが、やってみたいこと、参加してみたいこと、調べてみたいことなどは、Private Valueに繋がる可能性が非常に高いのです。

しかし、興味があることに向かって一歩踏み出すためには、何かを犠牲にしたり、調整することが必要かもしれません。そこを雇用側が配慮することによりPrivate Valueが完成します。

⑤社長・会社として人材へ期待している「なってほしい姿」を明確にする

これは「要求力量のハードル」と同じ考え方です。

ただ「要求力量のハードル」は、具体的な表現が必要でしたが、社長・会社として人材へ期待する「なってほしい姿」は、抽象的な表現にとどめ、人材自身から具体的な表現で明確にすることが必要です。

たとえば、「新事業のアイデアや業務改善に対する提案をどんどんしてくれる人材になってほしい」とした場合、人材のPrivate Valueはどのように展開するでしょうか?

アイデアの捻出方法を習得するために関連セミナーに出席することや継続的に学ぶことがPrivate Valueになるかもしれませんし、アイデア捻出や提案をすることが苦手な人材なら、雇用側としてその部分にプレッシャーをかけないこともPrivate Valueなのかもしれません。

従業員が認識していないPrivate Valueを明確にする方法は他にもありますが、また別の機会で提供できればと思います。

社長・会社側からの働きかけで、人材のPrivate Valueが明確になることは非常に価値が高いのです。なぜなら、人材側からしてみると「私のことに興味を持ってくれて配慮してくれた」ということになるからです。人材の中には、社長・会社からこのような働きかけをされても興味なさそうな態度をとる人もいますが、根気よく対応してください。自分自身に興味がないという人は非常に稀ですから、社長・会社が自分に対して配慮するために行動してくれることには、悪い気はしないのです。

15 「カンタンすぎる人事評価制度」と3つのValue（価値）を活用し「ワントゥワン人事管理」を実現する

零細・中小企業、個人商店が大企業に勝てる戦略である「ワントゥワン人事管理」の実現方法をまとめてみましょう。「ワントゥワン人事管理」と「カンタンすぎる人事評価制度」は、セットで運用することによりシナジー効果が高まります。

「ワントゥワン人事管理」
(One-to-one personnel management system)

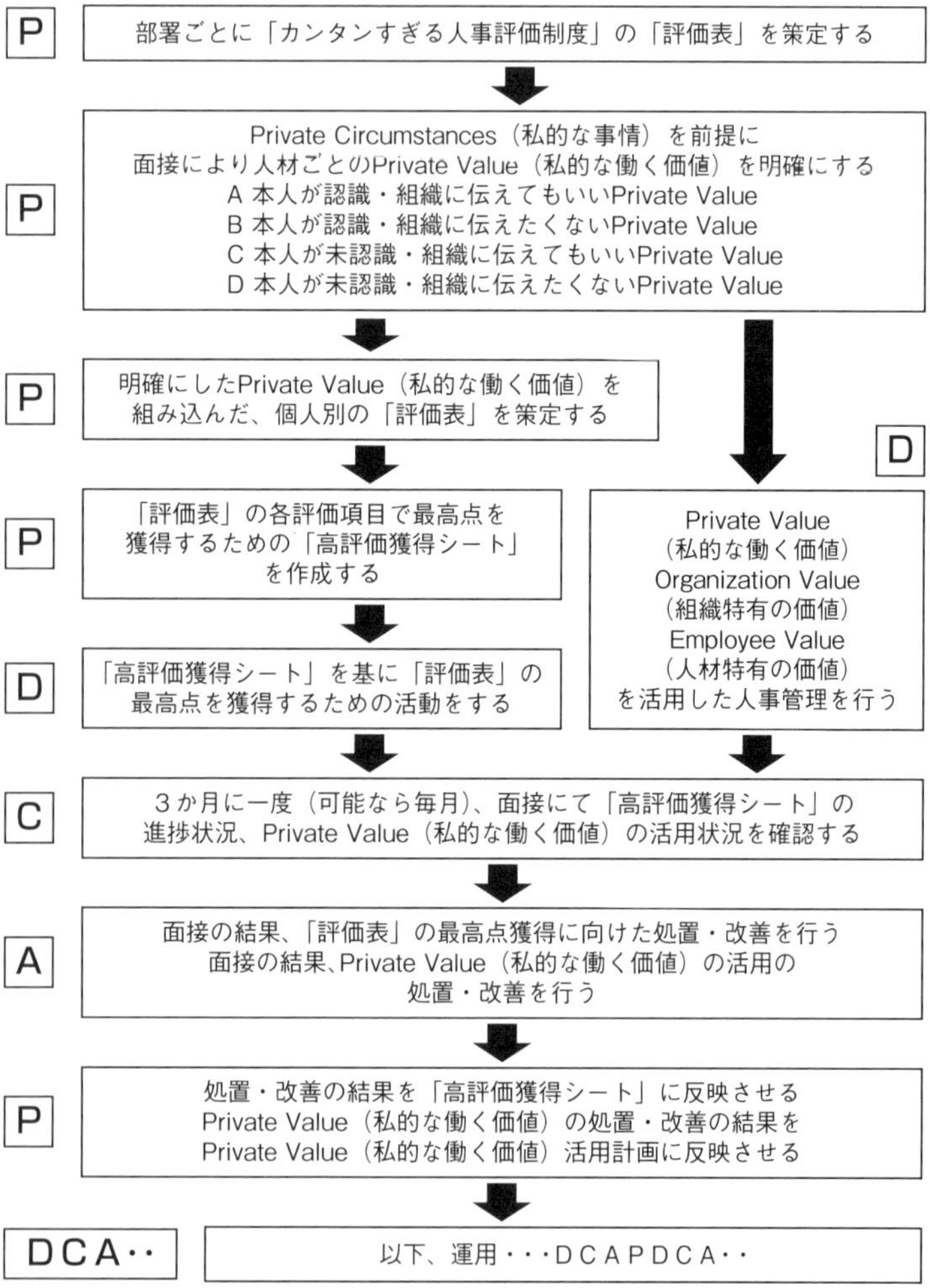
P
部署ごとに「カンタンすぎる人事評価制度」の「評価表」を策定する
P
Private Circumstances（私的な事情）を前提に
面接により人材ごとのPrivate Value（私的な働く価値）を明確にする
A 本人が認識・組織に伝えてもいいPrivate Value
B 本人が認識・組織に伝えたくないPrivate Value
C 本人が未認識・組織に伝えてもいいPrivate Value
D 本人が未認識・組織に伝えたくないPrivate Value
P
明確にしたPrivate Value（私的な働く価値）を
組み込んだ、個人別の「評価表」を策定する
P
「評価表」の各評価項目で最高点を
獲得するための「高評価獲得シート」
を作成する
D
「高評価獲得シート」を基に「評価表」の
最高点を獲得するための活動をする
D
Private Value
（私的な働く価値）
Organization Value
（組織特有の価値）
Employee Value
（人材特有の価値）
を活用した人事管理を行う
C
３か月に一度（可能なら毎月）、面接にて「高評価獲得シート」の
進捗状況、Private Value（私的な働く価値）の活用状況を確認する
A
面接の結果、「評価表」の最高点獲得に向けた処置・改善を行う
面接の結果、Private Value（私的な働く価値）の活用の
処置・改善を行う
P
処置・改善の結果を「高評価獲得シート」に反映させる
Private Value（私的な働く価値）の処置・改善の結果を
Private Value（私的な働く価値）活用計画に反映させる
DCA・・
以下、運用・・・DCAPDCA・・

16 「カンタンすぎる人事評価制度」と「ワントゥワン人事管理」で最高の少数精鋭組織を実現する

■あらかじめ回答の解っているテストを受けてもらう

一般的な人事評価制度の多くは、〝三密〟人事評価制度です。緻密すぎて運用しにくい人事評価制度を密室で評価し、評価結果を内密にしてしまう……。

対して「カンタンすぎる人事評価制度」は、小学生でも評価できるほどシンプルな仕組みで、〝not三密〟な人事評価制度です。

なぜ、小学生でも評価できるのでしょうか？　それは、あらかじめ評価項目と評価基準を明確にしておき、社内にフルオープンにしておくからです。ですから、評価結果にブレは少なく、評価者は正々堂々と評価でき、評価の根拠が明確なため評価結果も内密にする必要もないのです。

このように「カンタンすぎる人事評価制度」は、あらかじめ、何ができれば良い評価を獲得でき、何ができなければ悪い評価になってしまうのかが明確に決められ公表されていますから、いわば、回答の解っているテストを受けるようなものなのです。

■回答が解っているのに高評価を獲得できない？

いくら高評価を獲得するための基準が明確に公表されていたとしても、自ら努力して最高評価を獲得できる人材は全体の一割くらいなのです。残りの九割は高評価を獲得できるように社長や上司がサポートしてあげなくてはなりません。一番まずいやり方は、評価基準が明確で小学生でも評価できるほどカンタンな「人事評価表」が完成したあとで、

「ハイ、これが当社の『人事評価表』です。これだけ明確な評価基準があれば、皆が頑張って、最高評価を獲得できますよね。では、1年後を楽しみにしていますね」

と、1年間ほったらかしてしまっては、9割の人材は、高評価など獲得できっこないのです。

これは、人材が悪いのではなく、雇用側が悪いです。

人材が「要求力量のハードル」を越えるための高評価を獲得し、技術、知識、能力を向上させ、それを発揮するためには、管理が必要なのです。決して放置してはいけません。

■「高評価獲得シート」を活用して高評価を獲得してもらい、「ワントゥワン人事管理」にも活用する

「高評価獲得シート」とは、「カンタンすぎる人事評価制度」で策定した「人事評価表」の9つの評価項目について、各項目で最高点を獲得するためにどのようなことを実施していくのかの計画および実施したことの結果を記録していく帳票のことです。

この「高評価獲得シート」を活用して、３か月ごとの面接（可能であれば毎月）を実施し、人材に最高評価を獲得してもらうのです。

この面接の実施により、高評価を獲得できる人材数が格段に増えます。また、「ワントゥワン人事管理」の運用においても重要ですので、手間ヒマを惜しまず必ず実施してください。零細企業・中小企業、個人商店にとって非常に有益なマネジメント手法なのですから。

※「高評価獲得シート」はＡ３の大判帳票なのでこの本に掲載できませんでしたが、私のサイトからダウンロードできます。ご入用の方は巻末をご覧ください。

あとがき

起業して、30年が経ちました。

27歳で起業しましたので既に57歳になりました。

本当にあっという間に過ぎ去った30年間でしたが、その30年間の事業を支えてくれたのは従業員でした。

当時では無謀だったのかもしれませんが、起業して1年も経たずに従業員を雇用し、現在に至ります。従業員の雇用無しでこの30年間は語れません。それほど従業員という名の人材は重要です。その重要な人材を活用しきれずに非常にもったいないことになっている組織をたくさんみてきました。その中には、お恥ずかしい話ですが過去の当社も含まれています。

この本は、人材を活用しきれずにもったいないことになっている小規模企業（零細企業、従業員数20名以下の企業、個人事業、士業）や、これから人材を雇用しようという方へ向けて、そして、既に活躍してもらっている従業員にさらに活躍してもらいたい小規模企業へ向けて執筆しました。

企業の発展のためには人材がすべて、と言っても過言ではありません。しかも、組織全体に占める一人当たりの従業員の重要性から、小規模企業においてこそ人材育成が必要なのです。
この本の内容を理解され、実践させることにより、人材がイキイキと活躍できる組織の実現を成し遂げてください。

［謝　意］

この本の執筆にあたり、前著『人事評価制度が50分で理解でき、1日で完成する本』でもお世話になったあいち造形デザイン専門学校様（学校法人電波学園）、校長の鈴木茂樹先生、吉田信治先生ありがとうございます。今回のマンガ執筆にあたりお世話になった同校の赤井奈宏先生、加藤成樹先生、海老修臣先生、緒方うららさん、北川瑛努さん、福澤亮汰さん、藤井奈美さん、森汐音さん、ありがとうございます。

また、前著に続きご担当いただいた同友館の武苅夏美さん、出版コーディネーターの小山睦男さん、盟友の小林久貴さん、人事制度を学ばせていただいた蓮室光雄先生、ありがとうございます。

そして、留守にすることが多い事務所を運営してくれている当社職員の皆さん、貴重なダメ出しや前向きな意見を具申してくれる雨谷さんに感謝です。最後に、また一緒に仕事をしたい末廣さん、加藤さん、待っています。

【参考文献】

『人事評価制度が50分で理解でき、1日で完成する本』山本昌幸（同友館）
『働き方改革に対応するためのISO45001徹底活用マニュアル』山本昌幸（日本法令）
『短時間で成果をあげる働きながら族に学べ！』山本昌幸（労働調査会）
『社長のための残業ゼロ企業のつくり方』山本昌幸（税務経理協会）
『人手不足脱却のための組織改革』山本昌幸（経営書院）
『社長の決意で交通事故を半減！ 社員を守る　トラック運輸事業者の5つのノウハウ』山本昌幸（労働調査会）
『運輸安全マネジメント構築・運営マニュアル』山本昌幸（日本法令）
『CSR企業必携！ 交通事故を減らすISO39001のキモがわかる本』山本昌幸、粟屋仁美（セルバ出版・三省堂）
『「プロセスリストラ」を活用した真の残業削減・生産性向上・人材育成 実践の手法』山本昌幸、末廣晴美（日本法令）

[著者略歴]

山本昌幸（やまもと まさゆき） 1963年生

あおいコンサルタント株式会社　代表取締役
社会保険労務士・行政書士事務所　東海マネジメント所長
食品会社、損害保険会社を経て現職。
コンサルタント、マネジメントシステム審査員として全国を行脚。
人事制度指導歴27年、マネジメントシステム指導歴・審査歴22年。
従業員数２名～数万人規模の企業に対する1300回以上の審査経験から「カンタンすぎる人事評価制度」「ワントゥワン人事管理」を開発。

主な保有資格：
ISO9001主任審査員（JRCA）、ISO14001主任審査員（JRCA）、
ISO22000主任審査員（審査登録機関）、ISO39001主任審査員（審査登録機関）、
社会保険労務士（特定）、行政書士。

連絡先：あおいコンサルタント株式会社
　　　　名古屋市中区栄3-28-21建設業会館７階　☎ 052-269-3755
　　　　メールアドレス：my@aoi-tokai.com
　　　　あおいコンサルタント株式会社ＨＰ：aoi-tokai.com
　　　　ロードージカンドットコム：rodojikan.com
「カンタンすぎる人事評価制度セミナー」についてはＨＰをご覧ください

[ネーム構成]
緒方 うらら（おがた うらら） 2000年生　まんが科２年
福澤 亮汰（ふくざわ りょうた） 2000年生　まんが科２年

[作画]
カバー、巻頭P.1
藤井 奈美（ふじい なみ） 2000年生 イラストレーション科コミックアート専攻２年
巻頭P.2
森 汐音（もり しおね） 2000年生 イラストレーション科コミックアート専攻２年
本文
北川 瑛努（きたがわ えど） 2000年生 イラストレーション科コミックアート専攻２年

以上５名、あいち造形デザイン専門学校

[協力]
学校法人電波学園　あいち造形デザイン専門学校
名古屋市千種区今池4-10-7　　電話052-732-1631

2021年4月6日　第1刷発行

従業員のための人事評価・社長のための人材育成

©著　者　　山本昌幸
協力　　あいち造形デザイン専門学校
発行者　　脇坂康弘

発売所　株式会社 同友館
〒113-0033　東京都文京区本郷3-38-1
TEL.03(3813)3966
FAX.03(3818)2774
https://www.doyukan.co.jp/

乱丁・落丁はお取り替えいたします。
ISBN 978-4-496-05529-4

一誠堂株式会社／東京美術紙工
谷島正寿（カバーデザイン）
Printed in Japan